© 2024-Miño y Dávila srl
© 2024-Miño y Dávila sl

Tacuarí 540 (C1071AAL)
tel-fax: (54 11) 4331-1565
Buenos Aires · Argentina
Mail: administracion@minoydavila.com
Web: www.minoydavila.com
Twitter: @MyDeditores
Facebook: www.facebook.com/MinoyDavila

© 2024-UNSAM EDITA
de Universidad Nacional
de General San Martín

Campus Miguelete. Edificio Tornavía
Martín de Irigoyen 3100
(B1650HMK) San Martín, Buenos Aires, Argentina
e-mail: unsamedita@unsam.edu.ar
Web: www.unsamedita.unsam.edu.ar

Colección Archivos de Didáctica
Serie **Fichas de Aula**

Director: José Villella

Edición:	Primera. Abril 2024
Lugar de edición:	Barcelona / Buenos Aires
ISBN:	978-84-19830-48-7
E-ISBN:	978-84-19830-49-4
Depósito legal:	M-33222-2023

Código Thema: JNU (Teaching of a specific subject)
JNDG (Curriculum planning & development)

Código Bisac: EDU029080 (Teaching Methods & Materials / Language Arts)
EDU029000 (Teaching Methods & Materials / General)

**Corrección general
y cuidado de edición:** Laura Petz

Diseño de cubierta: UNSAM EDITA

Armado y composición: Eduardo Rosende

Secuencias a la carta

Propuestas de enseñanza de las Ciencias Experimentales desde la didáctica de autor

Nancy Edith Fernández Marchesi (ed.)

Gisela Vanina Acosta Beiman

Flavia Almirón

Natalia Oro Castro

Griselda Gómez

María Alejandra Mansilla

UNSAM
EDITA

Índice

Introducción

Todas las propuestas de este libro fueron realizadas en el marco de la carrera de posgrado Especialización en Enseñanza de la Biología del Instituto de la Educación y del Conocimiento de la Universidad Nacional de Tierra del Fuego Antártida e Islas del Atlántico Sur.

Es el producto de mucho trabajo y reflexión por parte de sus autoras. Y hablamos en femenino, porque no es casual que todas sean propuestas elaboradas por mujeres. Todas con enfoques contextualizados, con perspectiva de género, atravesadas por maternidades, atención de hijas e hijos, pandemia, clases presenciales, virtuales, colegios que exigen informes y proyectos de sostenimiento de la virtualidad, cursadas, presentación de finales, mesas de examen, etcétera. Todas situaciones relacionadas con la vida cotidiana de una docente mujer que decide abordar una formación de posgrado.

Este libro no es una receta, tampoco es una prescripción de lo que se debe hacer o no en un aula. Es un producto con imperfecciones, diversas miradas, marchas y contramarchas. Son propuestas reales que se escribieron para estudiantes de aulas reales.

Por eso, durante su lectura se hallarán diferentes formas de abordar los contenidos, las actividades y las estrategias.

Proponemos una "didáctica de autoras" o en palabras de Litwin (1997), la manera particular que despliega el docente para favorecer los procesos de construcción del conocimiento. Cada una a su manera, fundamentadas desde la investigación en la didáctica de las ciencias, pero cruzadas por sus propias biografías personales y académicas, su formación de posgrado y sus realidades de aulas.

El primer capítulo propone algunas consideraciones sobre "cómo diseñar" una secuencia didáctica. Si bien no son indicaciones prescriptivas, están basadas en las diversas investigaciones en didáctica de las ciencias naturales y en la experiencia adquirida en la carrera como formadora de docentes de la autora.

Estas sugerencias que se proponen pueden ser un sólido andamiaje para que las y los docentes se apoyen en ellas y de ahí puedan fundamentar sus propuestas didácticas.

En los siguientes capítulos se hilvanan diversos contenidos, presentes en la mayoría de los diseños curriculares de las diversas escolaridades de nivel secundario. Contenidos "clásicos" podríamos decir, contenidos fundamentales de la biología que se enseñan más allá de los cambios curriculares por los que las y los docentes atraviesan a lo largo de sus carreras. Son secuencias "atemporales curriculares", que pueden implementarse más allá de las diversas modalidades, orientaciones o modas curriculares del nivel.

El segundo capítulo aborda contenidos científicos y metacientíficos y pone en juego prácticas de enseñanza y aprendizaje para abordar el proceso de fotosíntesis a través de contenidos epistemológicos y que fomenten las prácticas de lectura y escritura.

Luego, en el tercer capítulo se aborda una controversia socio-científica desde una perspectiva de género, como estrategia para incorporar aspectos de la Historia de la Ciencia (HDC) a partir de uno de los conceptos estructurantes de la biología, el flujo de la información genética y el modelo de doble hélice del ADN.

En el cuarto capítulo se aborda el enfoque "Hablar, leer y escribir en ciencias", el cual, sostiene la autora, debería ser de aprendizaje continuo desde los niveles educativos iniciales hasta los superiores de manera transversal, dado que incumbe a todas las disciplinas. En este caso puntual, propone el trabajo con artículos científicos del campo de la Ecología.

El quinto capítulo propone una serie de actividades que posibilitan el desarrollo de capacidades relacionadas con la indagación, la reflexión y el pensamiento crítico a partir de prácticas de laboratorio. Este enfoque realza la idea de que las prácticas de laboratorio deben ser concebidas como estrategias didácticas que deben permitir a las y los estudiantes comprender el conocimiento en una comunidad científica.

Por último, el sexto capítulo combina algunos de los enfoques anteriores y aborda la conceptualización y clasificación de la biotecnología en moderna y tradicional, para luego proceder con el análisis de una controversia socio-científica con estrategias mediadas por habilidades cognitivo-lingüísticas.

En función de ello, esperamos que este libro sea una herramienta que puedan escribir, tachar, agregar, subrayar y que cada docente que lo lea se convierta en su propio didacta de autor. Abogamos por que puedan adecuarse a cada uno de los diversos contextos las ideas que estas autoras comparten con la comunidad de profesoras y profesores de ciencias naturales.

CAPÍTULO 1

Algunas consideraciones para pensar el diseño de una secuencia didáctica

Nancy Edith Fernández Marchesi

Si hay algo que todo docente debería procurar en su actividad profesional es que sus estudiantes aprendan, y que esos saberes adquiridos sean significativos sin perder de vista la importancia de las ciencias como parte de la cultura (Fernández-Marchesi y Pujalte, 2019).

Esto requiere de una acción planificada que se lleva a la práctica y se termina de ajustar en el aula. Aprender a diseñar secuencias didácticas implica poner en juego los desarrollos de la investigación en didáctica de las ciencias naturales. El hecho de planificar y diseñar es inherente al acto educativo en sí mismo y, como toda planificación, trae consigo explícita o implícitamente, la toma de decisiones fundamentadas para concretar las finalidades de la enseñanza.

La acción de enseñar se concreta mediante el diseño de *unidades didácticas* (UD) que forman parte de un contexto específico.

Habitualmente, una UD está formada por *secuencias*, cada una de las cuales tiene unos objetivos de aprendizaje específicos. Una *secuencia* puede estar formada por un conjunto de *sesiones de clase* y estas, a su vez, por un conjunto de *actividades*, aunque generalmente hay alguna actividad central alrededor de la cual se planifican las demás (tabla 1).

TABLA 1. Ejemplo de estructura de unidad didáctica. La cantidad de secuencias, las clases y las actividades pueden variar

Unidad didáctica		Secuencia 1	Clase 1	Actividad 1
				Actividad 2
			Clase 2	Actividad 3
				Actividad 4
		Secuencia 2	Clase 3	Actividad 5
				Actividad 6
			Clase 4	Actividad 7
		Secuencia x	Clase x	Actividad x
			Clase x	Actividad x

Las actividades didácticas son acciones que planifican las profesoras y los profesores y tienen como finalidad promover el aprendizaje de sus estudiantes en relación con un determinado contenido. Mediante ellas, se promueve la interacción entre el conocimiento, quien enseña y quien aprende.

Según Sanmartí Puig (2002), una actividad didáctica se caracteriza por lo siguiente:

- Promueven el desarrollo de mecanismos que configuran el contrato didáctico que se establece en cada grupo-clase.
- Reflejan las finalidades educativas del docente, todo aquello que se valora como importante respecto de lo que resulta esencial enseñar y de cómo es mejor enseñarlo.
- Se organizan y distribuyen en el espacio y en el tiempo según una estructura que concreta el modelo de enseñanza de cada profesor.
- El conocimiento científico se transforma en conocimiento para ser aprendido, no solo los conceptos y procedimientos de la ciencia, sino también las actitudes, sentimientos, creencias y todo tipo de valores asociados.
- Profesores y estudiantes interactúan con la finalidad de que los segundos se apropien de dicho conocimiento.
- Los docentes negocian con sus estudiantes lo que es importante aprender y las normas de trabajo para conseguir dicho aprendizaje.

Una actividad concreta no es la que permite aprender, sino el conjunto de actividades organizadas y secuenciadas que posibilitan un flujo de interacciones entre las y los estudiantes, y entre este conjunto y la/el docente.

Por ello, la actividad no tiene la función de promover un determinado conocimiento, como si este se pudiera transmitir en porciones, sino plantear situaciones propicias para que las/los estudiantes actúen y sus ideas evolucionen en función de su situación personal. Estas se diferencian no solo por los contenidos que introducen, sino sobre todo por sus finalidades didácticas.

Lo que convierte a las actividades en útiles es su organización y secuenciación a lo largo de un proceso diseñado especialmente para promover el aprendizaje de las estudiantes.

Sanmartí Puig (2002) afirma que para la selección y secuenciación de las actividades que conforman una SD (secuencia didáctica), se deben considerar criterios que favorezcan la construcción de ideas en las/los estudiantes y, además, que sean coherentes con la actividad científica. En función de esto, las agrupa en los siguientes tipos de actividades:

A. de *iniciación y exploración* (AIEAS), *de planteamiento de problemas o hipótesis iniciales*

Estas tienen como objetivo facilitar que las/los estudiantes definan el problema a estudiar y expliciten sus representaciones.

Deben ser actividades interesantes para las/los estudiantes, que promuevan el planteamiento de preguntas o problemas de investigación significativos y la comunicación de los distintos puntos de vista o hipótesis. También se caracterizan por promover el análisis de situaciones simples y concretas, cercanas a los contextos e intereses de los y las estudiantes.

B. de *promoción de la evolución de los modelos iniciales* (AEM), *de introducción de nuevas variables, identificación de otras formas de observar y de explicar y de reformulación de los problemas*

Están orientadas a favorecer que la/el estudiante pueda identificar nuevos puntos de vista en relación con los temas objeto de estudio, formas de resolver los problemas o tareas planteadas, atributos que le permitan definir los conceptos, y relaciones entre conocimientos anteriores y nuevos. En todas estas actividades será fundamental la discusión y cooperación dentro del grupo-clase. Su finalidad es que las/los estudiantes reflexionen —individual y grupalmente— acerca de la consistencia de sus hipótesis, percepciones, actitudes, formas de razonamiento o modelos iniciales.

Algunas actividades en esta línea pueden ser: las experimentaciones, la modelización, las analogías, la incorporación de nueva información por medios bibliográficos o soportes digitales. Es importante que las y los estudiantes enriquezcan su visión inicial del problema y puedan explicarlo.

C. de síntesis (AS), *de elaboración de conclusiones, de estructuración del conocimiento*

Este tipo de actividades deben favorecer que las y los estudiantes puedan explicitar qué están aprendiendo, cuáles son los cambios en sus puntos de vista, sus conclusiones. Promueven la abstracción de las ideas importantes, formulándolas de manera descontextualizada y general.

Es sustancial que en su planificación se tenga en cuenta que cada estudiante debe encontrar su propia forma de expresar sus conocimientos. No es recomendable dar síntesis, definiciones o esquemas ya elaborados.

D. *de aplicación (AA), de transferencia a otros contextos, de generalización*

Este tipo de actividades están orientadas a transferir los conocimientos a situaciones diferentes y más complejas que las iniciales. Pueden ser aquellas en las que las y los estudiantes se planteen problemas, pequeños proyectos o investigaciones hasta entonces no desarrollados. Deberían ser actividades que den inicio a un proceso de aprendizaje distinto y posibiliten el planteamiento de nuevas preguntas e interrogantes.

E. *de evaluación (AE)*

Las actividades de evaluación final tienen por objetivo identificar los resultados obtenidos al final de un proceso de enseñanza/aprendizaje. A través de ellas, las y los estudiantes pueden valorar el resultado de su trabajo, y las y los docentes valorar la calidad del diseño de la unidad didáctica aplicada y de su actuación.

Es importante elaborar instrumentos que posibiliten comparar la situación inicial con la final. Para reconocer si los aprendizajes son significativos, las preguntas planteadas no deberían reproducir de forma idéntica otras planteadas en clase con anterioridad. Deben permitir comprobar si las y los estudiantes saben aplicar o transferir sus nuevos conocimientos a la interpretación de situaciones nuevas.

Un desglose de las particularidades de cada actividad se presenta en la figura I.

FIGURA 1. Particularidades de las actividades que forman parte de la secuencia didáctica (SD). Adaptado de Sanmartí Puig, (2002).

Actividades de iniciación y exploración (AIEAS)

- Propiciar que los estudiantes expliciten sus representaciones y que adquieran una primera visión de conjunto del trabajo.

Actividades para la promoción de la evolución de los modelos iniciales (AEM)

- Facilitar que los estudiantes reconozcan modos posibles de resolver las tareas planteadas, y establezcan vinculaciones entre conceptos y puntos de vista en relación con los temas abordados.
- Enriquecer la mirada inicial del problema a partir de nuevas experiencias que conduzcan progresivamente a un uso más preciso del lenguaje.
- Reestructurar la forma de mirar, pensar y hablar en relación con el fenómeno objeto de estudio.
- Expresar por escrito, comunicar las ideas, reformular y tomar decisiones respecto de qué datos priorizar.

Actividades de síntesis (AS)

- Explicitar qué aprendieron y cómo.
- Reconocer las características del modelo presentado a través de la utilización de instrumentos formales tales como esquemas, mapas y redes conceptuales.
- Realizar síntesis idiosincrásicas y provisorias y, por lo tanto, susceptibles de ser perfeccionadas y ajustadas conforme evoluciona el proceso de aprendizaje.

Actividades de aplicación (AA)

- Transferir a situaciones más complejas que las iniciales o de estructura diferente, de manera tal de evitar la mecanización que caracteriza al algoritmo.

Actividades de evaluación (AE)

- Promover la autoevaluación de los estudiantes y regular sus formas de pensar y actuar.
- Favorecer la expresión de sus ideas y la contrastación con otras, establecer nuevas relaciones y la toma de conciencia de las diferentes perspectivas.

La hoja de ruta. Una herramienta para la elaboración de una secuencia didáctica

Una herramienta práctica que sirve para ordenar una SD de forma gráfica y que permite organizarse de una forma más "visual" es la sistematización mediante lo que llamaremos "hoja de ruta".

A modo de "mapa", que nos guía en el camino del contenido que queremos enseñar, podemos elaborar un cuadro como el que se muestra en la tabla 2 (tabla 2).

TABLA 2. Hoja de ruta de una secuencia didáctica. Actividades de iniciación y exploración (AIE); Actividades para la promoción de la evolución de los modelos iniciales (AEM).

CLASE N.º	ACTIVIDAD N.º	NOMBRE DE LA ACTIVIDAD	TIPO	OBJETIVO	DETALLES DE LA ACCIÓN
1	1	¿Qué sabemos de las plantas?	AIE	Expresar las concepciones previas sobre las plantas	Se propone un problema a la clase para que mediante lluvia de ideas las y los estudiantes expresen sus concepciones previas sobre las plantas
1	2	...	AEM	...	...
2	3	.....	....	....	....

Algunas claves para sintetizar

- Las actividades "sueltas", como acciones aisladas, no conforman una secuencia didáctica.
- Se deben tener en cuenta los objetivos que nos propusimos lograr y el contenido que pretendemos enseñar.
- Es fundamental tener en cuenta la finalidad didáctica.
- Esta clasificación no implica que el proceso de enseñanza se reduzca a la aplicación mecanicista de las actividades en el orden señalado.
- En una misma hora de clase se pueden combinar momentos de actividad con finalidades didácticas variadas; y, al mismo tiempo, se pueden considerar como parte de un ciclo más general.

Los propósitos y los objetivos en la planificación de una secuencia

Es posible definir las intenciones de enseñanza en función de lo que la profesora o el profesor pretende hacer, es decir, en función de los propósitos, o en aquello que los estudiantes serán capaces de hacer después, lo que habitualmente se denomina "objetivos" (Fernández-Marchesi y Pujalte, 2019). En el primer caso, la referencia es el punto de partida: qué se pondrá a disposición de los alumnos. En el segundo, la referencia es el punto de llegada, en términos de lo que las y los alumnos sabrán o podrán hacer. Los propósitos y los objetivos son dos maneras diferentes de definir finalidades. Los propósitos remarcan la intención, y los objetivos, el logro posible (Feldman, 2010).

Propósitos u objetivos de enseñanza

Se podría denominar "propósitos" a los enunciados que presentan los rasgos centrales de una propuesta. Por ejemplo:

- Ofrecer variedad de experiencias de aprendizaje (y, concomitantemente, variedad en la oferta de enseñanza) en cuanto a organización de la tarea –grupal e individual–, formas de estudio, ritmo, tipo de tarea, formas de acceso, materiales utilizados, etcétera.

- Posibilitar que, en forma creciente, el estudiantado sea capaz de elegir entre distintas opciones con respecto a formas de trabajo, administración del tiempo, actividades a realizar y áreas de conocimiento a profundizar.

- Realizar instancias de evaluación de la tarea propia y de los demás y de su proceso de aprendizaje.

- Promover experiencias variadas con procesos de trabajo (laboratorio, taller, huerta, periódico).

- Programar y estimular instancias de debate, deliberación, toma de decisiones y asunción progresiva de responsabilidades por parte de las y los estudiantes.

Objetivos de aprendizaje

Estos definen las intenciones en términos de lo que las y los estudiantes obtendrán, sabrán o serán capaces de hacer. Al establecer posibles puntos de llegada, ofrecen un criterio para apreciar avances, logros y problemas. También brindan un medio para comunicar a las y los estudiantes y a la comunidad, las aspiraciones de un proceso educativo.

a) *Objetivos generales*

Se trata de aquellas metas a largo plazo, que suelen presentar un alto grado de abstracción y no remiten a contenidos científicos específicos.

Constituyen el marco de referencia para la formulación de los objetivos específicos. Por ejemplo, que las y los estudiantes:

- Obtengan una actitud responsable con el cuidado del ambiente.
- Valoren el patrimonio natural de nuestro país.
- Adquieran valores cívicos que les permitan decidir conscientemente las mejores opciones en términos del bienestar personal y comunitario.

b) *Objetivos específicos*

Se trata de metas a mediano/corto plazo, que remiten a competencias o destrezas relacionadas con contenidos científicos específicos que las y los estudiantes deberían dominar. Estas deben poder ser observables, en términos de desempeños.

Los objetivos de aprendizaje son afirmaciones que expresan claramente lo que la/el estudiante debe ser capaz de realizar o de mostrar al final de un período de aprendizaje. Hacen referencia no solamente a las cosas que deben saber, sino también a aquello que deben ser capaces de hacer. Al mismo tiempo, dan pautas acerca de la enseñanza que hay que llevar adelante para lograrlos.

Se trata de una hoja de ruta que permite una planificación real, posible de ser implementada. Muchas veces, en el afán de "enseñarlo todo", perdemos la noción de la relación entre el tiempo escolar y la cantidad de contenidos por desarrollar. Es necesario lograr acuerdos institucionales para poder dimensionar, de todos los contenidos que figuran en el diseño curricular, cuáles serán priorizados en cada año. Debemos intentar hacer un esfuerzo serio para identificar la médula del diseño curricular; detectar cuáles son los conceptos y contenidos centrales de cada área de conocimiento. Por otra parte, el desafío es que estos objetivos se adecúen a los conocimientos previos de las y los estudiantes y a los distintos modos de acercarse al conocimiento. Sabemos que no todos aprenden al mismo tiempo y que es necesario contemplar los ritmos individuales. Los objetivos tienen que tener en cuenta la diversidad de la clase.

En definitiva, la formulación de los objetivos específicos implica la enunciación de un verbo que exprese lo que se pretende que el alumnado pueda evidenciar como desempeño.

Sanmartí Puig (2001) incorpora una serie de sugerencias para la redacción de los objetivos, que presentamos a continuación (tabla 3).

TABLA 3. Sugerencias para redactar objetivos. Adaptado de Sanmartí Puig, N. (2001).

Formularlo desde el punto de vista del estudiante	"Al finalizar la unidad didáctica, el estudiante tendría…"
Plantearlo como un desarrollo de sus capacidades (es difícil poder anticipar cuál será el final del proceso, pero sí que se puede plantear como objetivo el desarrollar capacidades)	"Al finalizar la unidad didáctica, el estudiante tendría que haber desarrollado la capacidad de…"
Especificar la acción que se pretende que las y los estudiantes apliquen (a través de un verbo de acción no genérico como podrían ser los de "saber" o "comprender")	"Al finalizar la unidad didáctica, el estudiante tendría que haber desarrollado la capacidad de aplicar, comparar, poner en duda, revisar, identificar, explicar, deducir, analizar, planificar, justificar, etcétera…"
Especificar el contenido	"Al finalizar la unidad didáctica, el estudiante tendría que haber desarrollado la capacidad de aplicar la visión cinético-molecular de la materia, el principio de la degradación de la energía, construir gráficos proporcionales"
Especificar el contexto en el cual las y los estudiantes deberían demostrar sus aprendizajes, ya que el contexto permite delimitar el objetivo e identificar su finalidad	"Al finalizar la unidad didáctica, el estudiante tendría que haber desarrollado la capacidad de aplicar la visión cinético-molecular de la materia a la interpretación de fenómenos macroscópicos como, por ejemplo, la dilatación"

Son estos objetivos los que se correlacionan directamente con la evaluación de los aprendizajes, en tanto que definen los desempeños esperables por parte de las y los estudiantes. Los criterios de evaluación, entonces, se definen como los diferentes grados de consecución de esos objetivos en términos de desempeños (Fernández-Marchesi y Pujalte, 2019).

Algunas estrategias de organización de objetivos

Una propuesta posible es la desarrollada por Benjamín Bloom a fines de la década de 1950 y revisada en 2001 por Anderson y Krathwohl (Anderson, Krathwohl y Bloom, 2001; Bloom, 1956).

Esta se basa en la idea de que las operaciones cognitivas pueden clasificarse en seis niveles de complejidad creciente. Cada uno depende de la capacidad de cada estudiante para desempeñarse en el nivel o los niveles precedentes. Por ejemplo, "evaluar"–el nivel más alto de la taxonomía cognitiva– se basa en el supuesto de que la/el estudiante, para poder evaluar, tiene que disponer de la información necesaria, comprender esa información, ser capaz de aplicarla, analizarla, sintetizarla y, finalmente, evaluarla. Esta taxonomía no es un mero esquema de clasificación, sino un intento de ordenar jerárquicamente los procesos cognitivos (figura 3).

FIGURA 3. Jerarquía de las habilidades de pensamiento. Recuperado de Anderson, L. W.; Krathwohl, D. R. y Bloom, B. S. (2001).

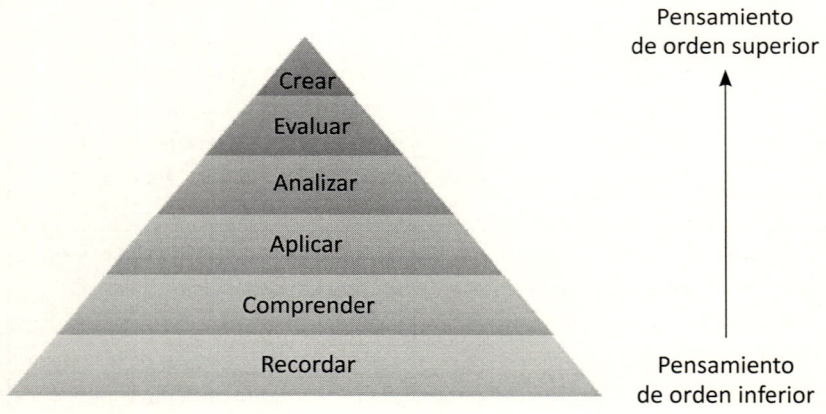

La tabla 4 muestra algunos ejemplos de dicha taxonomía, y los verbos posibles.

TABLA 4. Ejemplos de categorías, verbos y actividades

Categoría	Descripción	Verbos	Ejemplos
RECORDAR	Reconocer y traer a la memoria información relevante de la memoria de largo plazo	reconocer	Identificar insectos en un atlas de diferentes tipos de artrópodos
		recordar	Escribir la fórmula química de la glucosa
		listar	Realizar un listado de especies nativas
		describir	
		recuperar	
		denominar	
		localizar	
COMPRENDER	Habilidad de construir significado a partir de material educativo, como la lectura o las explicaciones del docente	interpretar	Dibujar un diagrama del sistema digestivo
		ejemplificar	Nombrar un mamífero que viva en nuestra provincia
		clasificar	Agrupar especies nativas según su especie
		resumir	Elaborar una lista de los puntos clave de un artículo dado
		inferir	Identificar dos variables y extrae conclusiones acerca de sus relaciones
		comparar	Explicar por qué el corazón se parece a una bomba
		explicar	Explicar a través de un texto cómo la presión del aire afecta el clima
		parafrasear	Parafrasear el discurso de un referente ambiental de la comunidad
APLICAR	Aplicación de un proceso aprendido, ya sea en una situación familiar o en una nueva	ejecutar	Realizar un corte histológico de cebolla
		implementar	Diseñar un experimento para observar cómo crecen las plantas en distintos tipos de suelo
		desempeñar	
		usar	Utilizar las pipetas para medir un líquido

ANALIZAR	Descomponer el conocimiento en sus partes y pensar en cómo estas se relacionan con su estructura global	diferenciar	Realizar una tabla que señale las diferencias entre célula eucariota y procariota
		organizar	Hacer un gráfico que ilustre las relaciones tróficas de un ecosistema
		atribuir	Examinar folletos de candidatos políticos y plantea hipótesis sobre sus perspectivas en relación con diferentes problemas ambientales
		comparar	Realizar un cuadro que compare la fotosíntesis y la respiración aeróbica
		deconstruir	
		delinear	
		estructurar	
		integrar	
EVALUAR	Comparar y discriminar entre ideas; dar valor a la presentación de teorías; escoger basándose en argumentos razonados; verificar el valor de la evidencia; reconocer la subjetividad	comprobar	Revisar un plan de proyecto para verificar si se incluyeron todos los pasos necesarios
		criticar	Determinar la validez de los argumentos a favor y en contra del movimiento antivacunas
		revisar	
		formular hipótesis	
		experimentar	
		juzgar	
		probar	
		detectar	
		monitorear	

CREAR	Involucra reunir cosas y hacer algo nuevo. Para llevar a cabo tareas creadoras, los aprendices generan, planifican y producen	generar	Generar diversas hipótesis científicas para explicar por qué las plantas necesitan luz solar
		planear	Preparar fichas gráficas para una representación multimedia sobre moluscos
		producir	Construir un hábitat para especies acuáticas locales
		diseñar	
		construir	
		idear	
		trazar	
		elaborar	

Actividades y estrategias

Las situaciones de clase transcurren guiadas por secuencias de actividades organizadas en torno a estrategias de enseñanza. Estas delimitan un contexto que da sentido y finalidad a un conjunto de actividades. Una puede diferenciarse de otra, por ejemplo, por el contenido que aborda, por el enfoque que presenta, por el orden y tipo de actividades que incluye, por la finalidad que tiene, por el contexto donde se implementa, por los recursos que usa, por la gestión que requiere, por las formas de participación que promueve, entre otras. Pero en todos los casos, lo estratégico es el recorrido propuesto, el cual forma parte del diseño y se prueba en el desarrollo de las clases (De Longhi *et al.*, 2015).

Algunos autores sostienen que el término "estrategia" puede verse como un sustantivo o como un adjetivo. Por ello, podemos preguntarnos ¿cuándo un conjunto de acciones es estratégico?, ¿qué variedad de estrategias hay? Estas preguntas suponen que una/un docente selecciona una estrategia para una clase o un conjunto de ellas y, a la vez, la considera como un camino estratégico para abordar determinada temática. Cada vez que se diseñan e implementan estrategias de enseñanza, las y los docentes deben contemplar la complejidad de las variables que interactúan en cada momento, sin perder de vista el propósito de la tarea, el carácter del contenido y las condiciones particulares del contexto (De Longhi *et al.*, 2015).

En la enseñanza de las ciencias naturales (Biología, Física, Química y Geología) se pueden emplear muchos tipos de actividades, considerando como tal toda situación de enseñanza en la que hay interacción entre tareas docentes y tareas de las y las estudiantes (Cañal de León, 2011).

Muchas de ellas son comunes con otras disciplinas (explicaciones, realización de resúmenes, proyección de videos, lectura de documentos, búsqueda de información). Pero hay otras que son especialmente características de las disciplinas científicas, como los trabajos prácticos de aula o laboratorio y los trabajos de campo.

Sanmartí Puig (2002) clasifica las actividades prácticas de la siguiente manera (tabla 5).

TABLA 5. Tipos de actividades prácticas. Adaptado de Sanmartí Puig, N. (2002).

Actividades y recursos orientados a percibir hechos de forma directa	Trabajos prácticos	Observación y análisis de objetos, organismos o fenómenos
		Demostración, deducción y/o comprobación de regularidades o leyes
		Investigaciones más o menos abiertas
	Actividades fuera del aula	Salidas al campo
		Visitas a servicios municipales u otros
		Visitas a industrias y talleres
		Visitas a museos y exposiciones
		Uso del entorno escolar: el edificio, los patios, las calles, los parques
Actividades y recursos orientados a percibir hechos de forma indirecta		Observación de posters, fotografías, grabados, diapositivas
		Visionado de videos, películas, programas de TV
		Lectura de artículos de la prensa, de textos
		Recolección de datos orales, entrevistas, exposiciones de profesionales, de alumnos
		Análisis de casos, biografías
		Uso de internet como fuente importante de recursos

Actividades orientadas a construir el conocimiento de forma materializada	Realización o uso de maquetas o modelos manipulables
	Juegos de simulación, de rol u otros
	Dramatizaciones, expresión corporal de ideas
	Realización de murales, cómics u otros tipos de representaciones gráficas
	Realización de montajes y exposiciones
Actividades orientadas a construir el conocimiento interactuando con otras personas y fuentes de información	Exposiciones magistrales y/o interactivas del profesorado, de personas expertas, de alumnos del propio curso u otros, utilizando una variedad de recursos posibles: pizarra, transparencias, posters, PowerPoint
	Lectura de documentos provenientes de artículos, de libros de texto o de consulta, de enciclopedias, de internet
	Visionado de videos y otras fuentes audiovisuales
	Actividades de análisis, discusión y reelaboración, realizadas en pequeños grupos o por parejas
	Actividades de evaluación mutua entre el alumnado o de coevaluación entre este y el profesorado
	Ejercicios de "lluvia de ideas", conversaciones colectivas, coloquios, etcétera
	Puestas en común en gran grupo para analizar colectivamente formas de percibir, de razonar, de hablar, de conceptualizar y de valorar
Actividades orientadas a construir el conocimiento reflexionando individualmente	Resolución individual de problemas y ejercicios. Respuesta a cuestionarios
	Elaboración de resúmenes, definiciones, diarios de clase, informes de laboratorio
	Elaboración de esquemas, mapas conceptuales, de V de Gowin, bases de orientación
	Realización de ejercicios de autoevaluación

Si la actividad puede verse como un conjunto integrado de tareas, también puede entenderse, sin duda, como el elemento básico en la estructura de las secuencias de enseñanza. Hemos de aclarar que al referimos a las secuencias de enseñanza, las estamos considerando desde una perspectiva didáctica, por lo que no nos referimos a ellas como cualquier segmento del discurrir de la práctica del aula, independientemente de su extensión y de que posean o no significación pedagógica, sino que aludimos a aquellos segmentos que, en efecto, sí poseen un sentido didáctico. La *actividad* es, entonces, la secuencia mínima de enseñanza, constituida por un conjunto de tareas.

Las estrategias de enseñanza

Las estrategias de enseñanza pueden relacionarse con lo que Shulman (1986) denomina "conocimiento profesional estratégico", un saber hacer muy ligado a las condiciones reales de la práctica, que se pone de manifiesto cuando el profesor ejecuta sus esquemas de acción en forma reflexiva, consciente e intencional, apoyándose en procedimientos fundamentalmente heurísticos.

Por ello, entendemos que es posible y necesario aplicar el concepto de "estrategia de enseñanza" a la definición y caracterización de cualquier dinámica real de enseñanza, incluidas también las que puedan considerarse guiadas por esquemas de organización no conscientes o explícitos y de naturaleza más rígida y algorítmica.

En síntesis, el propósito específico de hacer explícitas las estrategias de enseñanza que organizan una determinada dinámica del sistema-aula es el de poner de manifiesto la estructura lógica de esta, dada por:

a) la presencia o ausencia de unas u otras actividades en la secuencia;

b) el orden y agrupamiento espacio-temporal de dichas actividades;

c) el sentido didáctico o finalidad que posee cada una de ellas, en función de su situación en la secuencia.

A modo de cierre

Planificar un proceso de enseñanza con el fin de que las y los estudiantes aprendan es una tarea muy compleja que requiere reflexión por parte de los docentes sobre múltiples y diversos aspectos: con qué objetivo enseñamos, qué contenidos, en qué orden, mediante qué actividades, cómo evaluamos y cómo gestionamos el aula. Además, puesto que cada grupo-clase es diferente (lo son los estudiantes, el profesorado, los materiales didácticos de los que se puede disponer y, en general, todo el contexto), es difícil que materiales diseñados por otros puedan aplicarse sin más en un aula, por lo que todos los enseñantes debemos ser, en mayor o menor grado, "creadores" de secuencias didácticas.

A pesar de la dificultad que esto conlleva, en realidad es este hecho el que confiere interés a nuestra profesión. Si se quiere que todos los estudiantes aprendan, no se puede caer en la rutina ni en la aplicación mecanicista de libros de texto o similares. Lo más interesante de la profesión docente es que la tarea por realizar es tan compleja, que constantemente tenemos aspectos para trabajar y mejorar. Ser un buen profesional de la enseñanza significa que siempre se debe estar dispuesto a innovar y a investigar nuevas formas de trabajo en el aula.

Referencias bibliográficas

Bloom, B. (1956). *Taxonomy of Educational Objectives Book 1: Cognitive Domain*. Nueva York: Addison-Wesley Longman Ltd.

Cañal de León, P. (2011). "Competencia científica y competencia profesional en la enseñanza de las ciencias". En A. Caamaño (ed.), *Didáctica de la física y la química. Formación del profesorado. Educación secundaria. 5 Vol. II*. Barcelona: Graó.

De Longhi, A. L., Bermudez, G. y Martínez, M. S. (2015). *Estrategias didácticas para enseñar Biología*. Córdoba: Universidad Nacional de Córdoba. Facultad de Ciencias. Exactas, Físicas y Naturales. Disponible en https://rdu.unc.edu.ar/handle/11086/2570?show=full.

Feldman, D. (2010). *Didáctica General*. Ministerio de Educación de la Nación. Buenos aires. Disponible en http://www.bnm.me.gov.ar/giga1/documentos/EL002480.pdf.

Fernández-Marchesi, N. y Pujalte, A. (2019). *Manual de elaboración de secuencias didácticas para la enseñanza de las Ciencias Naturales*. Universidad Nacional de Tierra del Fuego Antártida e Islas del Atlántico Sur. Disponible en https://acortar.link/k3EJUt.

Krathwohl, D. R. (2002). "A Revision of Bloom's Taxonomy: An Overview". *Theory Into Practice 41*(4), pp. 212–218.

Sanmartí Puig, N. (2002). *Didáctica de las Ciencias en la Educación Secundaria Obligatoria*. Madrid: Síntesis.

CAPÍTULO 2

Fotosíntesis: entre reacciones químicas y biológicas

Gisela Vanina Acosta Beiman

Fundamentación

Generalidades de la enseñanza

Esta secuencia didáctica (SD) intenta incorporar contenidos científicos en las prácticas de enseñanza de 5° año de escuela secundaria obligatoria de Biología. La misma tiene como objetivo poner en juego prácticas de enseñanza y aprendizaje para abordar el proceso de fotosíntesis a través de contenidos epistemológicos y que fomenten las prácticas de lectura y escritura en las disciplinas, en este caso en las Ciencias Naturales.

El abordaje del mismo, por un lado, pretende resignificar la alfabetización científica con el objetivo de brindar calidad para el estudiantado a partir de la reflexión de sus propios procesos de aprendizaje, donde se plantea la necesidad de que la población no solo deba saber ciencias naturales sino saber sobre ciencias naturales. Esto además permite adquirir los contenidos científicos de manera tal que las y los estudiantes puedan cuestionarse acerca de qué es la ciencia, cómo la misma es provisional y de qué formas se relaciona con la sociedad. Esto implica una incorporación de contenidos que incluyan una reflexión crítica sobre las ciencias naturales, y, en tanto reflexión, de carácter discursivo. Estos contenidos se abordarán desde la Naturaleza de las Ciencias, ya que se pretende generar imágenes de ciencias naturales actuales sobre el conocimiento y la actividad científica (Pujalte y col., 2014).

Por otro lado, la importancia de la escritura en ciencias naturales radica en que los diferentes contenidos se ponen en contacto con textos de nuevos y diversos formatos. Continuamente se incorpora conocimiento, es por esto que la escritura no es uniforme, estática u homogénea, sino que cada disciplina genera formas particulares de escritura (Cassany, 2008). Dicha propuesta se llevará a cabo en Biología de 5° año de la escuela secundaria obligatoria, a partir del contenido Fotosíntesis, utilizando como base un libro de texto académico de Biología (Curtis, 2016).

Se les propondrá a las y los estudiantes llevar a cabo una práctica de lectura experta, en donde notarán que dicha habilidad no es un proceso que se transfiera de un texto a otro, sino que debe ser cuestionado, y por lo tanto comprendido, según el tipo de texto que se les presenta (Carlino, 2003).

Estas prácticas de lectura y escritura son procesos complejos, en los que como docentes debemos acompañar al estudiantado, debido a que quien lee necesariamente deja ir algo del texto. Allí es donde debemos mediar para que se centren en el tema a abordar, en este caso fotosíntesis, leyendo y escribiendo con un propósito (Carlino, 2005).

Por otro lado, cobra aquí particular interés el desarrollo de la alfabetización científica, ya que en estos textos académicos avanzados las y los jóvenes se encontrarán con tecnicismos y terminología específica de estas disciplinas. Como bien sabemos, esta destreza se encuentra en constante desarrollo y debe trabajarse día a día en todas las disciplinas, no es entonces, una habilidad básica que se logra de una vez y para siempre, por lo que el objetivo de esta SD es acompañar al estudiantado en dicho proceso.

La enseñanza de la fotosíntesis

La fotosíntesis es el proceso en el que las plantas, y algunos procariontes, convierten la energía lumínica en energía química, de forma tal que el carbono se fija en compuestos orgánicos (Curtis, 2016). El estudio de este proceso permite resignificar conceptos ya abordados en otros años de la educación secundaria obligatoria y también de niveles anteriores, inicial y primario. Estos saberes son el resultado de investigaciones científicas en las últimas décadas, y el conocimiento de ello permitirá al estudiantado favorecer la apropiación de saberes con un pertinente y actualizado acercamiento al conocimiento científico.

En lo que concierne al abordaje en las aulas de los procesos que se involucran con el de fotosíntesis, los mismos se trabajan desde nivel inicial y es allí donde ya se observan dificultades alrededor de la enseñanza de los mismos (Charrier Melillán y col., 2015).

Algunos ejemplos de las dificultades planteadas son: el concepto de la conversión energética en la fotosíntesis y la respiración celular; la fotosíntesis como concepto científico de gran dificultad didáctica; errores conceptuales en cuanto a la fotosíntesis de las plantas verdes, entre otros. Además, se observó que algunos conceptos como la luz, el dióxido de carbono, la clorofila, el agua y las sales minerales no se tomaban de importancia como claves para explicar el proceso de fotosíntesis, por los y las docentes. Es por ello que se revaloriza la necesidad de continuar investigando y generando aportes didácticos para la enseñanza y el aprendizaje de la fotosíntesis (Ver Garnica y Roa Acosta, 2012).

Hoja de ruta de la secuencia didáctica propuesta

Clase	Actividad	Nombre de la actividad	Tipo
1	1	Elabora una línea de tiempo la cual deberá reflejar las concepciones de fotosíntesis que predominaron a lo largo de la historia.	AIEAS
1	2	¿Por qué crees que el concepto de fotosíntesis ha cambiado a lo largo del tiempo? ¿Cómo se relacionan estos cambios con la provisionalidad de la ciencia? Justifica tu respuesta.	AEM
2	1	Teniendo en cuenta que los modelos en las ciencias naturales son representaciones de estructuras y/o procesos naturales ¿Qué modelos te sirvieron para entender el proceso de fotosíntesis?	AEM
2	2	Esquematiza los modelos utilizados e indica que entendiste a partir de ellos. ¿Qué aspectos de estos modelos te generan confusión o no comprendes?	AEM
2	3	¿Se te ocurre algún modelo con el cual puedas explicar el proceso de fotosíntesis? Elabora tu propio bosquejo o borrador sobre el modelo que puedas construir.	AEM
3	1	Diseñar una encuesta sobre mitos acerca de la fotosíntesis	AEM
3	2	Elaborar un texto con las respuestas obtenidas	AS
3	3	Puesta en común grupal	AE
4	1	¿A qué se denomina fotorrespiración? ¿Se lleva a cabo en todos los organismos vivos? ¿Por qué?	AS
4	2	Las bacterias quimiosintéticas obtienen carbono a partir del CO2, pero no todos utilizan luz ¿De dónde proviene la energía para la síntesis de biomoléculas? ¿Cuáles son los sustratos respiratorios utilizados? ¿Cómo se relacionan estas bacterias con los ciclos de los elementos químicos, como los de nitrógeno, el azufre o el azufre?	AS

4	3	Teniendo en cuenta lo abordado hasta el momento justifica la siguiente afirmación: Los seres vivos que no realizan fotosíntesis, pueden aprovechar indirectamente la energía del sol al ingerir plantas o algunas partes de ella.	AA
5	1	Con hojas de árboles o plantas verdes, lápiz y sus carpetas, resuelvan las siguientes consignas: a. Observar las hojas con lupa b. Registren en sus carpetas lo que observan, dibújenlo con lápiz. c. ¿Qué observan?	AEM
5	2	Indicar si la siguiente oración es correcta o incorrecta: La apertura de las estomas se da durante el día y el cierre se da durante de la noche es el único recurso que pueden tener las plantas para lograr la regulación del intercambio de gases. Justificar la indicación determinada.	AA
6	1	Realizar la técnica de cromatografía de los pigmentos vegetales	AEM
6	2	Elaborar un texto donde se evidencie todo el proceso realizado. El texto debe contener materiales, proceso de realización, pigmentos identificados y características de los pigmentos.	AE
7	1	Elaborar, de forma individual, un informe de laboratorio escolar, siguiendo las características de este tipo de texto	AE

Destinatarios

- Nivel educativo: secundario
- Materia: Biología
- Año: 5° año Ciclo Orientado
- Edad promedio del estudiantado : 16 años

Propósitos

- Propiciar la profundización del conocimiento sobre el proceso biológico de Fotosíntesis.
- Enriquecer el conocimiento desde el lenguaje, comunicación y modelización, propios de la Biología, para comprender la construcción del conocimiento científico.

Objetivos generales de la secuencia didáctica

- Reconozcan el concepto de fotosíntesis como proceso químico-biológico construido a lo largo de la historia.
- Utilicen material de laboratorio para la realización de actividades experimentales.

Contenido/tema científico a enseñar

Resignificación de los modelos, procesos y conceptos (ciclo celular, reproducción celular, replicación, mutación, metabolismo, etcétera) integrándose en la dinámica celular y reconociendo su importancia en la comprensión del flujo de la información genética en los seres vivos.[1]

Saberes previos (Pre-requisitos)

¿Qué saben?

- Conocen los niveles de organización de la materia (viva y no viva).
- Conocen y comprenden la célula, como unidad de todos los seres vivos, su clasificación y estructura celular (organelas: su anatomía y funciones).
- Identifican las funciones celulares.
- Conocen el término de metabolismo, y pueden diferenciar los distintos tipos: catabólicos y anabólicos. También reacciones exergónicas y endergónica.

¿Qué saben hacer?

- Buscar bibliografía de distintas fuentes "confiables".
- Elaborar mapas conceptuales, redes, resúmenes.
- Armar preparados microscópicos.
- Observar al microscopio.

Contenido/tema metacientífico a enseñar (idea epistemológica)

- Construcción del conocimiento científico a lo largo de la historia
- Carácter provisional de la ciencia
- Utilización de modelos

---

1   Ministerio de Educación y Cultura (2014). Resolución M.ED.N° 2008. Plan de estudio provincial. Educación secundaria. Ciclo Orientado. Provincia de Tierra del Fuego, Antártida e Islas del Atlántico Sur.

Objetivos específicos de aprendizaje

- Buscar y seleccionar ejemplos de la historia de la biología relacionados a la fotosíntesis como proceso que den cuenta del carácter provisional de la ciencia.
- Conocer el cambio del concepto de fotosíntesis a lo largo de la historia.
- Identificar los distintos modelos utilizados para el estudio del proceso de fotosíntesis, como facilitadores para comprender dicho proceso.
- Relacionar los aportes de la ciencia en su quehacer diario.

— Clase N° 1 —

Realizar un buceo bibliográfico en la biblioteca y/ o en fuentes disponibles en la web con colaboración del docente. Seleccionar la información pertinente y luego elaborar una *infografía* sobre la historia de la fotosíntesis. Se les explicara que es una infografía[2] antes de comenzar con la actividad.

- Recurso Web: <https://www.sutori.com/es/historia/la-historia-de-la-fotosintesis--eYtFPiVoPmmXUfI I5csAoZuW>.

Consignas

1. Elabora una línea de tiempo la cual deberá reflejar las concepciones de fotosíntesis que predominaron a lo largo de la historia.
2. ¿Por qué crees que el concepto de fotosíntesis ha cambiado a lo largo del tiempo? ¿Cómo se relacionan estos cambios con la provisionalidad de la ciencia? Justifica tu respuesta.

Dinámica de trabajo

Se presentarán a los y las estudiantes diapositivas sobre el proceso de fotosíntesis. Se hace referencia a la historia y construcción de la ciencia a lo largo del tiempo. Con esto se pretende mostrar los distintos acontecimientos sucedidos, la provisionalidad de la ciencia a lo largo del tiempo. Con ejemplos de otras temáticas según el aporte de los estudiantes.

La actividad se desarrollará en un primer momento con todo el grupo. Las consignas de trabajo serán desarrolladas de forma individual y escrita.

---

2   Una infografía es una colección de imágenes, visualizaciones de datos, gráficos de barra y gráficos circulares y texto simple que resume un tema para que se pueda entender fácilmente. Las infografías son una herramienta valiosa para la comunicación visual. Fuente: <https://infogram.com/es/pagina/infografia>.

- Participación de las y los estudiantes en la explicación
- Desarrollo de la actividad de forma autónoma

— Clase N° 2 —

Consignas

1. Teniendo en cuenta que los modelos en las ciencias naturales son representaciones de estructuras y/o procesos naturales ¿Qué modelos te sirvieron para entender el proceso de fotosíntesis?
2. Esquematiza los modelos utilizados e indica qué entendiste a partir de ellos. ¿Qué aspectos de estos modelos te generan confusión o no comprendes?
3. ¿Se te ocurre algún modelo con el cual puedas explicar el proceso de fotosíntesis? Elabora tu propio bosquejo o borrador sobre el modelo que puedas construir.

Dinámica de trabajo

Se comenzará la clase de forma expositiva, retomando las ideas previas de los estudiantes sobre fotosíntesis, todas las ideas serán apuntadas en el pizarrón. A partir de allí se retomará la ubicación, estructura y función del cloroplasto como organela fundamental para el proceso de fotosíntesis y se explicará en la pizarra de forma global dicho proceso. Desde la ecuación general de la misma hasta las dos etapas que ocurren.

Mientras se expone el proceso se explica la existencia de modelos para entender distintos procesos, demostrando que un dibujo del cloroplasto es un modelo representativo de la realidad.

Luego se leerá de manera grupal el capítulo de Biología de Curtis sobre Fotosíntesis, siendo la docente la mediadora y facilitadora de la lectura del mismo.

Criterios de evaluación

- Identificación de modelos y justificación de los mismos
- Resolución de la actividad en tiempo y forma

— Clase N° 3 —

Consignas

1. Diseñar una encuesta sobre mitos acerca de la fotosíntesis.
2. Elaborar un texto con las respuestas obtenidas.
3. Puesta en común grupal.

Dinámica de trabajo

Se comenzará la clase colocando en el pizarrón el siguiente título: "Legados" del saber vulgar vs saber científico. A partir de allí se empezará a indagar sobre esas "creencias" que tienen sobre la fotosíntesis, y que de alguna manera "les hace ruido" con todo lo visto hasta ahora. Se anotarán en el pizarrón las ideas que salgan en el curso.

Luego se les dará las consignas de trabajo. Deberán diseñar las encuestas, aplicarlas a otros compañeros del colegio. Se deberán analizar los resultados y por último elaborar un texto con las conclusiones, de manera grupal. Finalmente se realizará una puesta en común aclarando sobre las ideas ambiguas que pudieran surgir.

Criterios de evaluación

- Interés en la elaboración, puesta en práctica y recopilación de información de encuestas.
- Explicación en distintos casos que demuestre alfabetización científica en su vida cotidiana.

— Clase N° 4 —

Consignas

1. ¿A qué se denomina fotorrespiración? ¿Se lleva a cabo en todos los organismos vivos? ¿Por qué?
2. Las bacterias quimiosintéticas obtienen carbono a partir del CO_2, pero no todos utilizan luz ¿De dónde proviene la energía para la síntesis de biomoléculas? ¿Cuáles son los sustratos respiratorios utilizados? ¿Cómo se relacionan estas bacterias con los ciclos de los elementos químicos, como los de nitrógeno o el azufre?
3. Teniendo en cuenta lo abordado hasta el momento justifica la siguiente afirmación: Los seres vivos que no realizan fotosíntesis, pueden aprovechar indirectamente la energía del sol al ingerir plantas o algunas partes de ella.

Dinámica de trabajo

Se explica la fotosíntesis en términos de las reacciones químicas y cómo se vinculan con los procesos biológicos que allí ocurren (figura 1).

FIGURA 1: Esquema del proceso fotosintético

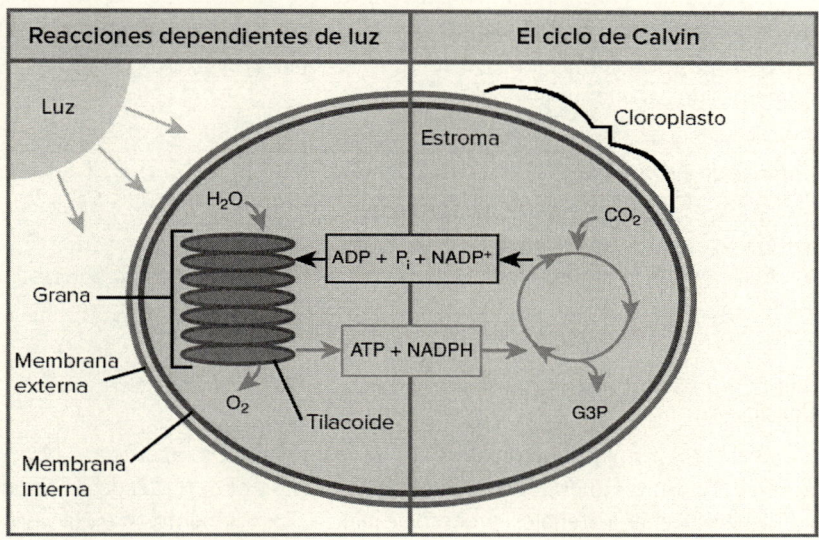

Fuente: <https://es.khanacademy.org/>.

Criterios de evaluación

* Utilización de vocabulario específico sobre fotosíntesis
* Aplicación de los conceptos a situaciones concretas de análisis

— Clase N° 5 —

Consignas

1. Con hojas de árboles o plantas verdes, lápiz y sus carpetas, resuelvan las siguientes consignas:
   a. Observar las hojas con lupa
   b. Registren en sus carpetas lo que observan, dibújenlo con lápiz.
   c. ¿Qué observan?
2. Indicar si la siguiente oración es correcta o incorrecta: *La apertura de los estomas se da durante el día y el cierre se da durante de la noche es el*

único recurso que pueden tener las plantas para lograr la regulación del intercambio de gases. Justificar la indicación determinada.

Dinámica de trabajo

Se separa al grupo de clase en pequeños grupos al azar y se explica la actividad número 1, en una modalidad de trabajo aula taller, se reparten las lupas en cada grupo de trabajo.

Una vez finalizada la actividad anterior, se copia en el pizarrón la actividad número 2 de carácter individual.

Criterios de evaluación

* Utilización de lupa de forma autónoma.
* Observación y registro de lo observado.
* Relación entre lo observado y los procesos biológicos involucrados.

— Clase N° 6 —

Consignas

1. Realizar la técnica de cromatografía de los pigmentos vegetales.
2. Elaborar un texto donde se evidencie todo el proceso realizado. El texto debe contener materiales, proceso de realización, pigmentos identificados y características de los pigmentos.

Dinámica de trabajo

Se explica la técnica de cromatografía, utilizando como ejemplo la cromatografía con distintas tintas de marcadores.

Luego se les presenta todos los materiales a los y las estudiantes en la mesada y se les solicita que realicen la técnica de cromatografía de los pigmentos vegetales. Es importante destacar que no se hace hincapié en ningún tipo de proceso estricto.

Se les solicitará, además, que registren materiales, procedimiento realizado y a las reflexiones finales que llegue el estudiantado.

Criterios de evaluación

* Utilización de material de laboratorio.
* Realización de la técnica de cromatografía.
* Identificación y reconocimiento de pigmentos en las plantas.

Materiales y recursos utilizados
- Papel secante
- Hojas verdes o de otros colores (amarillas, rojas, etcétera)
- Mortero
- Alcohol
- Caja de Petri

— Clase N° 7 —

Consignas
1. Elaborar, de forma individual, un informe de laboratorio escolar, siguiendo las características de este tipo de texto. El mismo debe contener los siguientes apartados:
   ○ Portada
   ○ Introducción y Objetivos de la práctica realizada
   ○ Marco Teórico.
   ○ Procedimiento realizado en el laboratorio o aula.
   ○ Resultados/Análisis de Resultados
   ○ Conclusiones/ Reflexiones finales

Dinámica de trabajo

Se explica cómo se realiza un informe de laboratorio escolar, explicando uno por uno los apartados del mismo. Se trabaja durante toda la clase con la escritura y se acompaña e interviene en dicho proceso.

Criterios de evaluación
- Aplicación de los contenidos abordados
- Elaboración de informe de laboratorio

Referencias bibliográficas

Carlino, P. (2005). *Escribir, leer y aprender en la universidad. Una introducción a la alfabetización académica*. Buenos Aires: Fondo de Cultura Económica.

———— (2003). "Alfabetización Académica: un cambio necesario, algunas alternativas posibles". *Educere* 6(20) pp. 409-420. Venezuela: Universidad de los Andes Mérida.

Cassany, D. (2008). Taller de textos *Leer, escribir y comentar en el aula*. Buenos Aires: Paidós.

Charrier Melillán, M.; González, A.; Cabero, M.; Martínez, M. y De Marco, S. (2015). "El conocimiento didáctico de la fotosíntesis de un grupo de docentes universitarios". *IV Jornadas de Enseñanza e Investigación Educativa en el campo de las Ciencias Exactas y Naturales*, 28, 29 y 30 de octubre de 2015, Ensenada, Argentina. EN: Actas. Ensenada: Universidad Nacional de La Plata. Facultad de Humanidades y Ciencias de la Educación. Departamento de Ciencias Exactas y Naturales. Disponible en: <https://www.memoria.fahce.unlp.edu.ar/trab_eventos/ev.8062/ev.8062.pdf>.

Curtis, H. (2016). *Invitación a la biología en contexto social* (7 ed.). Buenos Aires: Médica Panamericana.

Garnica, S. E. y Roa Acosta, R. (2012). "Conocimiento didáctico del contenido sobre fotosíntesis de dos profesores de los grados sexto y noveno de educación básica secundaria de un colegio privado en Bogotá-Colombia". *Bio-grafía* 5(8), pp. 50-76 <https://doi.org/10.17227/20271034>.

Pujalte, A.; Bonan, L.; Porro, S. y Adúriz-Bravo, A. (2014). "Las imágenes inadecuadas de ciencia y de científico como foco de la naturaleza de la ciencia: estado del arte y cuestiones pendientes". *Ciência & Educação (Bauru)* 20(3), pp. 535-548. <https://doi.org/10.1590/1516-73132014000300002>.

CAPÍTULO 3

Rosalind Franklin y la doble hélice.
Una propuesta didáctica con perspectiva de género

Flavia Almirón

La propuesta está centrada en una secuencia didáctica donde se ponen en juego conceptos biológicos que se caracterizan por ser complejos, por lo que busca incorporar contenidos contextualizados. Por esto, en primer lugar, se propone abordar la complejidad en la enseñanza de la biología, fundamentada en el enfoque semanticista que busca interesarse por el sentido, significado, contexto, contenido, explicación, y que mira a la enseñanza de la ciencia y sus teorías como modelos (Adúriz-Bravo e Izquierdo-Aymerich, 2009).

Se ha elegido incorporar una mirada que muestre a la ciencia como un proceso sumamente complejo, en permanente cambio, susceptible de valores, intereses y conflictos influenciados por determinados contextos propios de la actividad humana (Pérez y Lozano, 2013). Con base en ello, se aborda una controversia sociocientífica, como estrategia para incorporar aspectos de la Historia de la Ciencia (HDC) –enfoque eficaz para abordar la Naturaleza de la Ciencia (NDC)–, como, por ejemplo, las finalidades, objetivos y contextualizaciones de las investigaciones (Acevedo-Díaz y García-Carmona, 2016).

En este sentido, Pérez y Lozano (2013) fundamentan que, así como la intelección de la Naturaleza de la Ciencia, enfocada en la comprensión de una controversia sociocientífica (CSC) orientada a una educación para la ciudadanía, implica entender los conocimientos científicos como actividad humana, social y cultural. Una actividad humana y cultural que presenta múltiples controversias en su constitución y por tanto requiere un abordaje reflexivo y crítico de sus alcances e impactos (Pérez y Lozano, 2013).

Con el fin de aportar una mirada más amplia y acorde a esa naturaleza compleja y abstracta antes mencionada, se propone el estudio de uno de los conceptos estructurantes de la biología, *el flujo de la información genética, el modelo de doble hélice del ADN*, desde un enfoque histórico epistemológico (Bermúdez y Occelli, 2020). La secuencia se basa en la controversia sociocientífica, que tiene como protagonista a Rosalind Elsie Franklin y su postulación o invención de la estructura de doble hélice del ADN. Se recupera el caso de Watson y Crick, quienes fueron considerados los "padres de la genética" y se hace hincapié en la figura de Rosalind, quien, aunque mereciera el Premio Nobel y haya trabajado con quienes lo recibieron, no obtuvo reconocimiento. El fin es referir aspectos acerca de cómo las relaciones profesionales y personales, la competitividad en las investigaciones, las disputas por reconocimiento profesional, los comportamientos éticos y morales, impactan en la actividad científica.

Esta controversia de la historia de la ciencia permite realizar una contextualización de un suceso de importancia científica que involucra no solo elementos sociales, éticos, sino la cuestión de género. De la misma forma, permite trabajar lo que significan los modelos en ciencias y cómo las científicas y los científicos comunican mediante lenguajes elaborados para facilitar la comprensión del mundo (Adúriz-Bravo e Izquierdo-Aymerich, 2009).

La secuencia de actividades se postula para estudiantes del nivel secundario, correspondiente a un curso de 3er año del ciclo básico del área de Biología de la educación secundaria obligatoria. El diseño de las actividades responderá al modelo didáctico constructivista.

Este paradigma de la didáctica de las ciencias, según Sanmartí Puig (2002), postula que los conceptos más que descubrirse se construyen y que las ideas de la ciencia son teorías que explican la realidad, pero no son la realidad. De la misma forma, el que aprende construye formas propias de ver y de explicar el mundo.

Asimismo, se valoran las concepciones alternativas, estableciendo relaciones entre los nuevos conocimientos y los que ya conocen. Se pondrán en juego las habilidades cognitivo-lingüísticas para que consigan construir un texto, expresar una idea o formular una hipótesis.

Por último, asumiendo que es necesario que las y los estudiantes tengan la ocasión de participar en actividades prácticas, se ofrece la realización de experiencias de laboratorio para la familiarización con la naturaleza de la actividad científica.

Propósitos

- Contribuir al conocimiento de las características de la producción y distribución del conocimiento, acercando la historia de la biología y recreando en el ámbito escolar sus procedimientos, para favorecer la comprensión de cómo el conocimiento que transmite la escuela, ha sido construido.
- Propiciar la reflexión con los estudiantes acerca de las particularidades de la construcción del conocimiento científico a partir del caso paradigmático de la historia sobre el descubrimiento del ADN para reconocer la competencia entre distintos científicos (Watson y Crick, Pauling, etcétera), la discriminación de género sufrida por Rosalind Franklin y la relación con la tecnología (cristalografías de rayos X).

Contenido a enseñar

- Reconocimiento y caracterización del ADN como molécula responsable de contener la información genética.

Objetivos generales de la SD

Que las y los estudiantes

- Comprendan cómo es la estructura tridimensional de la molécula de ADN y cómo se construyó este modelo a lo largo del tiempo.
- Reconozcan el papel de la modelización en la construcción del conocimiento científico y asocien la noción de modelo a la imagen de doble hélice del ADN.
- Reconozcan que la ciencia se encuentra lejos de ser descontextualizada, socialmente neutra y objetiva, por el contrario, la realizan personas atravesadas por intereses y valores relacionados con la época y el contexto.
- Intercambien opiniones, comuniquen sus resultados y busquen un consenso sobre las actividades realizadas, tanto dentro de los pequeños grupos como en la clase.
- Desarrollen las siguientes capacidades de reconocer, hipotetizar, representar, argumentar, describir y reflexionar.

Población a la que se dirige

- Estudiantes de entre 14 y 16 años, de 3er año de nivel secundario.

Prerrequisitos

La siguiente unidad didáctica es diseñada para estudiantes que

- Han trabajado la estructura celular de los seres vivos. Todos los seres vivos están formados por células y contienen información hereditaria.

- Hayan tenido una primera aproximación al concepto herencia biológica.
- Posean conceptos básicos de genética y química orgánica que debieron ser adquiridos en los niveles educativos anteriores.

— Clase N° 1 —

Objetivos específicos

- Explicitar conceptos previos sobre molécula ADN.
- Reconocer el papel de los modelos en la construcción del conocimiento científico.
- Aproximarse al concepto de estructura de ADN como modelo científico que sirve para representar o expresar un sistema, mediante lenguajes elaborados.

Actividad 1: de iniciación y exploración (AIEAS)

Se hace una lista de palabras en el pizarrón de manera colectiva y a partir de ella, se escribe una definición sobre ADN.

Consignas

1. Realizar una lista de 4(cuatro) verbos, 4(cuatro) sustantivos y 4(cuatro) adjetivos que hagan referencia a la idea de "ADN".

Sustantivo	Adjetivo	Verbo

2. ¿Qué representa la imagen? (figura 1)

FIGURA 1. Imagen ilustrativa de la doble hélice

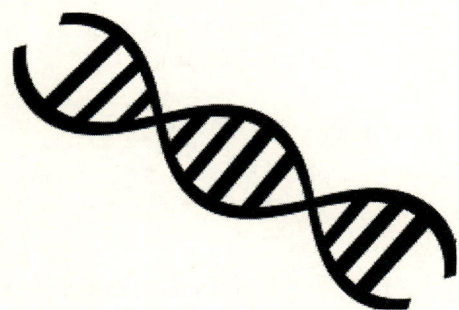

Fuente: <https://pixabay.com/es/illustrations/adn-ciencia-biolog%c3%ada-investigar-718905/>.

3. Observar la imagen (figura 2). ¿A qué hace referencia?, ¿qué representa?, ¿qué relación tiene con la imagen anterior?

FIGURA 2. Famosa fotografía 51, tomada por Franklin y que ayudó a Watson y Crick a crear su modelo de la doble hélice. Esta es considerada por la comunidad científica como una de las fotos más trascendentales en la historia de la ciencia.

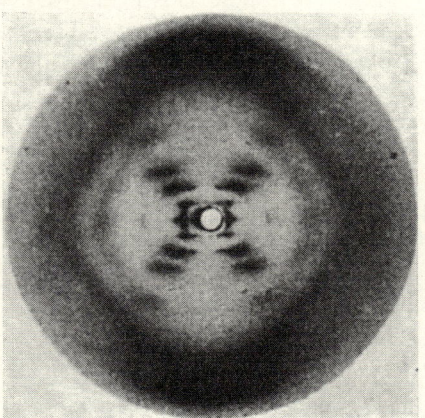

Fuente <https://mujeresconciencia.com/2014/05/09/el-caso-de-rosalind-franklin/>.

A modo de síntesis, puesta en común colectiva en base al siguiente interrogante *¿Cómo conocemos lo que no podemos ver a simple vista?*

Se registrará en el pizarrón las respuestas que vayan surgiendo. Se expresarán las respuestas en voz alta, tal que los y las estudiantes puedan llegar a una conclusión en relación a la estructura tridimensional de la molécula de ADN como modelo que se construyó y que sirve para explicarla.

Nota: En la actividad 1 se quiere problematizar la idea de modelo asociado a la estructura tridimensional del ADN. Con esa pregunta la intención en guiar el intercambio de ideas y es la oportunidad para que la docente hable sobre modelos y modelización. En la actividad 2 se busca que realicen modelos concretos.

Actividad 2: para la promoción de la evolución de modelos iniciales (AEM)

Consignas

1. Formar grupos de cuatro compañeras/os y armar, con los materiales disponibles (pelotitas de telgopor, escarbadientes, sorbetes, plastilina, hilo y otros), la estructura molecular del ADN. Representar nucleótidos y sus respectivos componentes.

Actividad 3: de síntesis (AS)

Consignas

1. A partir de los modelos armados, realizar una búsqueda en el material bibliográfico de referencia sobre la estructura del ADN realizar un esquema, mapa o red conceptual que responda los siguientes interrogantes ¿Qué es un nucleótido?, ¿cuáles son sus componentes?, ¿cuáles son los nucleótidos que forman parte del ADN?, ¿qué es un polímero?, ¿el ADN es un polímero?, ¿por qué?

— Clase N° 2 —

Objetivos específicos

- Describir las condiciones a través de las cuales se ha producido el conocimiento alrededor de la estructura del ADN, precisando aspectos científicos y sociales.
- Establecer relaciones entre ciencia y sociedad e identificar las tensiones sociales entre los protagonistas.
- Reconocer la presencia de las mujeres que han sido invisibilizadas de la historia de la ciencia.

Dinámica de la clase

Se realiza una actividad que consiste en la lectura sobre una controversia sociocientífica, que tiene como protagonista a Rosalind Franklin, quien fuera intencionalmente ignorada por parte de James Watson y Francis Crick. El fin es promover en las y los estudiantes visiones de ciencia más actualizadas, más conscientes, más cercanas y ajustadas sobre el conocimiento, la actividad científica y la cuestión de género.

Actividad 4: de aplicación (AA)

Consignas

1. Leer el artículo: "Pasión por la ciencia: la vida de Rosalind Franklin" (Velázquez Olivera, 2020).
2. ¿Cuál fue la importancia del trabajo de Rosalind Franklin en el descubrimiento de la estructura molecular del ADN?
    - ¿Qué factores influyeron para que Rosalind no fuera la primera en dilucidar la estructura del ADN?
    - ¿Consideras que el hecho de que Rosalind fuera mujer tuvo que ver con que le negaran el reconocimiento que merecía? ¿Por qué?

- Si la fotografía 51 la hubiera obtenido un hombre ¿Crees que las situaciones hubieran sido diferentes?; Y si el episodio hubiera ocurrido en la actualidad ¿hubiera sucedido de la misma manera?
- Escribir un texto de opinión sobre el lugar de las mujeres en el mundo de la ciencia hoy.

Actividad 5: de evaluación (AE)

Consignas

1. Escribir un relato para contar la historia del ADN a un amigo o amiga, familiar, o público en general.
   - Incluir a Rosalind Franklin: su vida, su obra, su labor científica.
   - Utilizar algún recurso audiovisual.
2. Responder la pregunta inicial: ¿Cómo es la estructura tridimensional de la molécula de ADN y cómo se construyó este modelo?
   - Incluir reflexiones sobre el proceso de la construcción de conocimientos en la ciencia a partir del caso de la estructura del ADN.
3. Luego de haber profundizado en la estructura de esta molécula y en la construcción del conocimiento en ciencia, pensar qué nuevas palabras añadirías a la lista de la actividad inicial y cuáles eliminarías (ver actividad 1). Revisar la definición sobre ADN y reformular, teniendo en cuenta los nuevos conceptos.

— Clase N° 3 —

Objetivos específicos

- Aplicar una técnica sencilla para obtener ADN de células vegetales.
- Comprender el proceso necesario para la extracción del ADN.

Actividad experimental. Extracción casera del ADN

Materiales necesarios: muestra vegetal: banana, agua (destilada o mineral), sal de mesa, detergente líquido o champo, alcohol, licuadora, mortero o cuchillo, tubos de ensayo o botellitas plásticas o vasos de vidrio, hielo, conservadora o hielera, 2 filtros de papel, cuchara para mezclar, vaso, embudo.

Una vez presentados los materiales se da a conocer que se trabajará la extracción de ADN como actividad experimental. Se propone buscar en distintas fuentes bibliográficas sobre diferentes técnicas de extracción de ADN.

Para comenzar se proponen las siguientes preguntas ¿Por qué podemos suponer que la banana contiene ADN? ¿Dónde se encuentra ese ADN? ¿Qué estructuras de la célula se deberían romper para poder extraer el ADN?

Consignas

Formar grupos con un compañero o compañera. Revisar y comparar sus respuestas. ¿Qué ideas subyacen a las respuestas dadas? ¿Hay puntos de acuerdo y/o desacuerdo en las respuestas? ¿Cuál de las técnicas para extraer ADN deciden utilizar? ¿Por qué?

Ahora, ia trabajar en grupos!

- Elegir alguna de las técnicas seleccionadas para llevar a cabo la extracción. Tomar apuntes, sacar fotos, hacer dibujos, esquemas; registrar todo lo que pueden observar a simple vista.
- Escribir el informe final que dé respuesta a las siguientes preguntas:

¿Para qué utilizaste el alcohol? ¿Para qué usaste el detergente? ¿Para qué necesitaste enfriar la solución de alcohol? Describir lo observado en la parte final de la experiencia.

Para tener en cuenta algunas recomendaciones para la escritura del informe:

- Título (objeto de estudio)
- Marco Teórico (Qué sabemos de nuestro objeto de estudio)
- Objetivo (Qué haremos)
- Materiales que necesitamos.
- Procedimiento (¿Cómo lo hicieron?)
- Resultados (¿Qué es lo que observaron?)

Referencias bibliográficas

Acevedo-Díaz, J.A. y García-Carmona, A. (2016). "Rosalind Franklin y la estructura molecular del ADN: un caso de historia de la ciencia para aprender sobre su naturaleza". *Revista Científica* 25, pp. 162-175.

Adúriz-Bravo, A., Izquierdo Aymerich, M. (2009). "Un modelo de modelo científico para la enseñanza de las ciencias naturales". *Revista electrónica de investigación en educación en ciencias* 4(3), pp. 40-49.

Bermúdez, G. y Occelli, M. (2020). "Enfoques para la enseñanza de la Biología: una mirada para los contenidos". *Didáctica de las Ciencias Experimentales y Sociales* (39), pp. 135-148.

Vázquez Olivera, C. (2020). "Pasión por la ciencia: la vida de Rosalind Franklin". *Cienciorama*. Disponible en http://www.cienciorama.unam.mx/#!titulo/663/?pasion-por-la-ciencia--la-vida-de-rosalind-franklin.

Pérez, L. y Lozano, D. (2013). "La emergencia de las cuestiones sociocientíficas en el enfoque CTSA". *Góndola, enseñanza y aprendizaje de las ciencias* 8(1), pp. 23-35.

Sanmartí, N. (2002). *Didáctica de las ciencias en la educación secundaria obligatoria*. Barcelona: Graó.

CAPÍTULO 4

¿Cómo leer y escribir artículos científicos desde la Ecología?

Natalia Oro Castro

Fundamentación de la propuesta didáctica

Hablar, leer y escribir en ciencias deberían ser aprendizajes continuos desde los niveles educativos iniciales hasta los superiores de manera transversal, dado que incumben a todas las disciplinas (Brunetti, 2007).

Al "hablar ciencias" debemos apropiarnos de los recursos discursivos, de la manera de hablar, de argumentar, de debatir, y de legitimar los conocimientos en un área de estudio y con un lenguaje específico de cada disciplina científica (Lemke, 1997). Con respecto a la lectura, no es un simple instrumento para la transmisión de un saber científico, sino que es una forma de construir y utilizar el conocimiento (Wellington y Osborne, 2001). Por último, escribir en ciencias nos permite presentar a otros nuestros conocimientos, contrastarlos con los suyos, negociarlos y eventualmente, modificarlos. Lo cual exige coherencia y lleva a establecer más relaciones entre conceptos. Siendo una representación externa al sujeto que da lugar a reconsiderar lo ya pensado (Carlino, 2005).

Se suele decir que los estudiantes en el nivel secundario, como ya se encuentran alfabetizados porque saben leer y escribir, también lo están, para escribir y leer ciencias. Suponemos que la escritura y la lectura académicas son habilidades generalizables, aprendidas (o no) fuera de una matriz disciplinaria y no relacionadas de modo específico con cada disciplina (Russell, 1990). Los docentes enseñamos cada asignatura solicitando a los estudiantes diferentes tareas que van, desde tomar apuntes en clases hasta redactar respuestas en los exámenes. Llevamos a cabo estas prácticas porque suponemos que leer y escribir son capacidades independientes de la capacidad de aprender una disciplina. Asimismo, creemos que enseñar a leer y a escribir no es nuestra función, ya que pensamos que son capacidades que los y las estudiantes ya aprendieron o deberían haberlo hecho en niveles educativos iniciales y primarios (Bassarsky, 2008). Esta idea de que la lectura y la escritura son habilidades técnicas separadas e independientes del aprendizaje de cada disciplina es tan extendida como cuestionable (Carlino, 2002).

Es necesario que en nuestras prácticas docentes empecemos a incorporar la enseñanza de la lectura y escritura específica de cada asignatura. Carlino (2002) argumenta que aprender los contenidos de cada materia consiste no solo en apropiarse de su sistema conceptual-metodológico, sino también de sus prácticas discursivas características. Además, para que los y las estudiantes puedan apropiarse de cualquier contenido, tienen que reconstruirlo una y otra vez, y la lectura y escritura devienen herramientas fundamentales en esta tarea de asimilación y transformación del conocimiento (Carlino, 2005).

Leer es un componente intrínseco al aprendizaje de cualquier materia (García Romano, 2011) y escribir no es solo un medio de registro o comunicación, sino que puede ser un instrumento para revisar, transformar y acrecentar el propio saber (Carlino, 2005). Sin embargo, debemos pensar la lectura y la escritura como prácticas que adquirirán particularidades diferentes en el marco de cada disciplina y de cada aula (García Romano, 2011). Asimismo, necesitamos conducir al estudiantado con el fin de que puedan construir comprensiones compartidas y experimentar el lenguaje como una forma de conversación entre ideas y como una herramienta de aprendizaje (García Romano, 2011; García Romano y col., 2016).

Es por lo argumentado que esta propuesta considerará a la lectura y a la escritura tanto como medios de comunicación como modos de aprendizaje (Carlino, 2005), desde la disciplina específica Ecología. Asimismo, la propuesta llevará a cabo prácticas de oralidad, con el fin de aplicar lo aprendido con las actividades de lectura y escritura. Porque la lectura, escritura y aprendizaje se representan en una tríada inseparable (García Romano, 2011). Por eso, esta propuesta tendrá en cuenta la importancia que tiene la escritura para entender y aplicar conceptos en lo que se refiere al aprendizaje científico, así como para aprender a participar de la ciencia como comunidad de conocimiento (García Romano y col., 2013). La propuesta implica considerar la importancia de las concepciones y valoraciones de los estudiantes sobre lectura y escritura al momento de estudiar una disciplina (Brunetti y col., 2002) y la relevancia de los procesos argumentativos en el ámbito científico (Jiménez Aleixandre, 2010).

La propuesta utilizará diferentes estrategias didácticas para abordar la lectura, la escritura y la oralidad en el aula. A modo general y como introducción, las actividades comienzan con la elaboración de una nube de ideas acerca de lo que los y las estudiantes consideran qué es el conocimiento científico. La siguiente actividad aborda cómo se transmite ese conocimiento en la ciencia en general y en la Ecología en particular.

Para la lectura, la actividad consiste en elegir diferentes artículos científicos del área de la Ecología. El docente puede aprovechar la misma para recuperar las ideas previas de los y las estudiantes sobre el contenido a desarrollar. En una etapa posterior docente y estudiantes definen en conjunto el tema central de lo que trata el artículo y pensarán palabras clave (García Romano, 2011). En lo que concierne a la escritura, el docente planteará al estudiantado la reescritura de un párrafo con pautas claras sobre la buena redacción científica y responderán preguntas referidas al análisis profundo de un artículo científico. Finalmente, la oralidad estará presente en todo momento durante las diferentes actividades.

Además, los y las estudiantes deberán presentar el material científico con el que estuvieron trabajando (tanto en la lectura como en la escritura) y simular que realizarán una presentación oral en un congreso. De esta forma, las actividades planteadas les permitirán transmitir conocimiento referido a la Ecología desde la lectura y el análisis profundo de artículos científicos. Pero también como un sistema interpretativo, para dar sentido a la experiencia, a través del cual se persuade, se exploran y representan ideas y se da sentido a los significados que construyó otra persona y como una herramienta de participación en comunidades de práctica, contribuyendo a la solución de un problema compartido (Carlsen, 2007).

Secuencia de actividades diseñadas

Esta propuesta está dirigida a estudiantes del ciclo orientado del nivel secundario.

Son *objetivos generales* de esta propuesta

- Abordar estrategias de lectura y escritura que permita fundamentar decisiones o posición con respecto al tema ecológico estudiado a través de artículos científicos.
- Desarrollar competencias y actitudes científicas desde la oralidad con el fin de expresar opiniones académicas fundamentadas e intercambiarlas con el resto de sus compañeros.

Objetivos específicos de aprendizaje

- Leer diferentes artículos científicos analizando la escritura con el fin de identificar estructura y componentes.

- Conocer las buenas prácticas de escritura que identifican a las diferentes secciones de los artículos científicos.
- Aplicar las buenas prácticas de escritura para una correcta redacción.
- Elaborar desde la oralidad opiniones fundamentadas científicamente.
- Defender un artículo científico desde la oralidad.

Contenido: Lectura y escritura de artículos científicos ecológicos

Semana 1

a) Actividades de iniciación o de exploración

En un primer momento el docente plantea a los y las estudiantes elaborar una nube de ideas a partir de las siguientes actividades:

1. Escribí cinco verbos (en infinitivo), cinco adjetivos (en singular) y cinco sustantivos (en singular) que representen tus ideas sobre el conocimiento científico (no se deberá googlear ni buscar en diccionarios).

2. Mediante la herramienta <https://www.menti.com/> el docente creará una nube de palabras y deberás subir las palabras que elegiste. Tu docente te brindará un código diferente para verbos, adjetivos y sustantivos. A partir de todas las palabras elegidas por tus compañeros elaboraremos tres nubes de ideas: una para los verbos, una para los adjetivos y una para los sustantivos.

3. Luego, estudiantes y docente escribirán en el pizarrón las palabras que resultaron ser las más nombradas. En conjunto buscarán si existen estereotipos sobre el conocimiento científico en las palabras que eligieron con el fin de reflexionar sobre ellos. Finalmente, entre todos realizaremos una breve conclusión tomando las oraciones que construyeron.

4. Elegí una, dos o tres palabras que escribiste de cada lista (verbos, adjetivos y sustantivos) y armá una oración que refleje algo de lo que piensas sobre el conocimiento científico. Por ejemplo: *"El conocimiento científico brinda información exacta y veraz sobre los fenómenos que ocurren en la naturaleza"*.

5. Escribí tu oración y léela en voz alta.

Orientaciones: las actividades de iniciación planteadas tienen como propósito que los estudiantes manifiesten lo que entienden por conocimiento científico desde su experiencia académica con el fin de que surjan y se planteen nuevos interrogantes. Asimismo, estas actividades buscan promover el interés de los estudiantes con el análisis de lo vivido por ellos durante sus recorridos académicos y que puedan referir a situaciones conocidas y concretas tomando como ejemplo sus experiencias en otras materias.

b) Actividades para promover la evolución de los modelos iniciales, de introducción de nuevas variables

1. A modo introductorio

a) El docente pregunta cómo piensan que se comunica el conocimiento científico. De acuerdo con las respuestas brindadas el docente iniciará un debate. Este debate puede abordar diferentes aspectos que hacen a la comunicación del conocimiento científico. Algunos ejemplos de ello podrían ser:

- Datos y resultados no son sinónimos. Los datos se refieren a los números que obtiene el científico por medio de una medición, mientras que los resultados son la interpretación que realiza el científico de los datos obtenidos
- Los datos no hacen al conocimiento científico. Los datos por sí solos no brindan conocimiento científico.
- El conocimiento científico se construye a partir de la interpretación que hacemos de los datos.
- El conocimiento científico solo puede transmitirse a través de la presentación de los datos dentro de una narrativa lógica. Esta narrativa debe ser evaluada por pares para luego ser publicada.

b) El docente preguntará si hay una sola forma de comunicar el conocimiento científico y el especificará que los artículos científicos pueden ser de diferentes tipos:

- Artículo donde se prueban hipótesis
- Artículos descriptivos
- Artículos metodológicos

c) El docente explicará que la organización de un artículo científico va a depender del tipo de artículo. Sin embargo, las partes principales de cualquier artículo son:

- Título
- Autores
- Resumen
- Introducción
- Metodología
- Resultados
- Discusión
- Referencias

2. A continuación, el docente presentará diferentes tipos de artículos científicos, los cuales deberán clasificar en base a la explicación brindada. En este punto se debatirá cuáles son los artículos científicos que les parecen más comunes en el área de la Ecología. También el docente deberá indagar si durante sus trayectorias anteriores han tenido contacto con artículos científicos. Si los artículos científicos seleccionados se encontraran en el idioma inglés, el docente podrá articular estas actividades con el profesor de lengua extranjera.

3. Para finalizar, el docente llevará diferentes ejemplos de cada una de las secciones de un artículo científico referidos a la Ecología donde en conjunto con los estudiantes reconocerán cada sección y analizarán las buenas prácticas de escritura de cada sección y de redacción en general.

Orientaciones: Las actividades presentadas buscan primero trabajar cuáles son las prácticas correctas de escritura de un artículo científico con el fin de transmitir el conocimiento científico desde la experiencia. Las actividades posteriores promoverán que los y las estudiantes puedan identificar distintos tipos de artículos científicos, sus diferentes secciones y la forma correcta de escribir cada una de ellas. El desarrollo de estas actividades les permitirá definir los conceptos y relaciones entre conocimientos anteriores y los nuevos. De esta forma, contarán con nuevas herramientas que les permitan reflexionar sobre la lectura y escritura de los artículos científicos. Es necesario aclarar que antes de la clase los estudiantes deberán leer la siguiente bibliografía: Branch, L. C., y Villarreal, D. (2008). "Redacción de trabajos para publicaciones científicas". *Ecología austral* 18 (1), pp. 139-150.

Semana 2 y 3- Actividades de aplicación

1. Para las actividades presentadas los estudiantes se organizarán en grupos. El docente le brindará dos artículos científicos de estudios ecológicos para su lectura y crítica sobre los aspectos de redacción a cada grupo. Una vez realizada la crítica deberán elegir el artículo que consideran que se encuentre mejor escrito y fundamentar su elección. Cabe aclarar que entre los dos artículos hay uno que no cumple con muchas de las reglas de redacción vistas en las actividades anteriores. Un aspecto que debemos considerar se relaciona con la complejidad que algunos artículos científicos podrían llegar a presentar para nuestros estudiantes. Esta complejidad la podemos asociar a la sección de los materiales y métodos en donde algunos análisis estadísticos de los datos pueden presentar dificultar para su entendimiento. En este caso podemos explicarles a nuestros

estudiantes que no nos vamos a detener en este conocimiento ya que requiere de otro tipo de aprendizajes.

Una variante de esta actividad podría ser elegir solo un artículo y analizarlo en profundidad para luego en la actividad 2 volver a redactar o corregir aquellas partes del artículo científico que no cumplen con las pautas de redacción.

Como ejemplo, presento dos artículos científicos sobre el estudio de abundancia de guanacos en Tierra del Fuego. Siempre es aconsejable cuando vamos a comparar artículos científicos que los mismos traten sobre el mismo tema.

Este artículo elegiríamos como mejor redactado, aunque no sigue todas las pautas de redacción deseadas. Por lo que los estudiantes también podrían elegir para corregirlo:

• Montes, C., De Lamo, D. A. y Zavatti, J. (2000). "Distribución de abundancias de guanacos (*Lama guanicoe*) en los distintos ambientes de Tierra del Fuego, Argentina". *Mastozoología Neotropical*, 7(1), 5-14.

Este artículo tiene mayores problemas de redacción que el anterior. El resumen debería ser redactado nuevamente:

• Bonino, N. y Fernández, E. (1994). "Distribución general y abundancia relativa de guanacos (*Lama guanicoe*) en diferentes ambientes de Tierra del Fuego, Argentina". *Ecología Austral*, 4(02), 079-085.

En este artículo el resumen está escrito en inglés, por lo que podríamos utilizarlo en articulación con el espacio curricular de Lengua extranjera inglesa:

• Merino, M. L. y Cajal, J. L. (1993). "Estructura social de la población de guanacos (*Lama guanicoe* Muller, 1776) en la costa norte de Península Mitre, Tierra del Fuego, Argentina". *Studies on Neotropical Fauna and Environment*, 28(3), 129-138.

2. Para el *artículo científico no elegido* los estudiantes deberán volver a redactar el resumen. En esta actividad tendremos en cuenta las pautas para la redacción de párrafos (Bassarsky, 2008). Además, los estudiantes deberán contemplar la correcta elaboración del resumen de un artículo científico teniendo en cuenta la secuencia:

Lo conocido → lo desconocido → la pregunta → la estrategia experimental → los resultados → la conclusión e interpretación

3. Para cada sección del *artículo científico elegido* los estudiantes deberán responder las siguientes preguntas:

Título

- ¿Al leer el título, atrapa al lector para leer el resto del artículo? ¿Da un mensaje? ¿Cuál es? Proponga un título alternativo luego de leer todo el artículo.

Resumen

- ¿El resumen es claro y conciso? ¿Describe brevemente lo que se sabe, lo que no se sabe y la pregunta de la investigación? ¿Describe los métodos utilizados? ¿Presenta los resultados más importantes de la investigación? ¿Presenta las conclusiones del trabajo?

Introducción

- ¿Qué se sabe del tema? Es lo que constituye el marco teórico del artículo. ¿Qué es lo que no se sabe del tema? A partir de lo que no se sabe del tema, ¿cuál es la pregunta que se quiere responder? ¿Está explícita en el texto o no? ¿Cuál es la importancia del estudio? ¿Cuáles son las hipótesis de trabajo y las predicciones? ¿Cuál es el objetivo general?

Materiales y métodos

- ¿Cuál es el lugar de estudio? ¿Cuál es el diseño experimental? Realice un esquema. ¿Cuáles son las variables independientes y dependientes? ¿Cuáles son los tratamientos? ¿Hay controles? ¿Hay mediciones de base? ¿Cuál es la unidad experimental? ¿Cuál es el tamaño de la muestra? ¿Cuántas réplicas hay? ¿Son verdaderas réplicas? ¿Cuál es la escala del trabajo? ¿Cuál es la frecuencia de medición? ¿Qué análisis estadísticos se realizaron?

Resultados

- Diferencie entre datos y resultados (los datos son valores numéricos, no hay un mensaje, la interpretación la debe realizar el lector. Mientras que los resultados dan una interpretación a esos valores dirigiendo la atención a lo que el autor le interesa). Analizar diferencias y similitudes entre tratamientos. Los resultados, ¿responden la pregunta de investigación? Justifique su respuesta.

Discusión

- ¿Se declara la respuesta a la pregunta? ¿Cuáles son las explicaciones que dan los autores a los resultados encontrados? ¿Se incluyen resultados que apoyen las respuestas? ¿Los resultados encontrados, coinciden con otros estudios? ¿Se contradicen con otros estudios? ¿De acuerdo con la escala del trabajo, se puede extrapolar? ¿Cuáles son las conclusiones más importantes según los resultados obtenidos? El trabajo ¿responde la pregunta inicial de investigación? ¿Cómo? ¿Se incluye información sobre la novedad del estudio?

Material de apoyo (tablas y figuras)

• Pueden hacer el ejercicio de leer solo las figuras y las tablas. ¿Se entienden los resultados? ¿O hay algo que no se entiende? Analizar gráficos/figuras (deben reflejar la interpretación de los resultados) y tablas detenidamente. Leer las leyendas porque complementan la información. Elija una figura del artículo y responda: ¿Expresa un mensaje el título del pie de la figura? ¿Son claras las leyendas de los ejes? ¿Se corresponden los datos con el mensaje del título?

Referencias

• ¿Es precisa? ¿Se citan trabajos actuales? ¿Hay citas de trabajos pioneros? ¿Hay citas de revisiones bibliográficas? ¿Recurrieron a algún trabajo para corroborar algún dato citado? ¿La cantidad de citas es correcta?

4. Luego de realizar un análisis profundo del artículo elegido, los estudiantes deberán exponerlo simulando que son los autores y que van a un congreso. El medio de presentación oral será utilizando PowerPoint o Prezi.

El resto de los estudiantes harán preguntas y críticas constructivas sobre el artículo expuesto.

Orientaciones: Con las actividades propuestas los y las estudiantes podrán aplicar los conceptos desarrollados en las actividades anteriores. De esta forma, surgirán nuevos problemas e interrogantes sobre la lectura y redacción de artículos científicos. En esta etapa deben entender que el principio fundamental para escribir un artículo científico es escribir claramente, lo cual significa escribir de tal forma que lo escrito no pueda ser malentendido. Asimismo, el docente debe hacer hincapié en que el arte de escribir un artículo científico es el arte de contar una historia científica. Para lo cual necesitamos organizar cada sección acorde a una línea argumental. Esa línea argumental debe reflejar el método utilizado en la investigación. De esta forma, es de esperar que se dé inicio a un nuevo proceso de aprendizaje, que hará posible el planteamiento de nuevas preguntas e interrogantes. Además, el hecho de incorporar artículos científicos publicados permitirá la enseñanza en contexto en donde se relacionan la ciencia con la vida actual de los estudiantes (Muñoz-Campos y col., 2020).

Semana 4- Actividades de síntesis, de elaboración de conclusiones

1. El docente solicitará a los estudiantes que utilicen un recurso de su elección (PowerPoint, Prezi, etcétera) con el fin de plasmar los aprendizajes obtenidos en torno a la importancia que tiene escribir correctamente un artículo científico. Docentes y estudiantes reflexionarán sobre estos aspectos. Asimismo, repasarán las buenas prácticas de escritura que encontraron en los artículos científicos que analizaron. El docente recalcará la importancia de escribir correctamente con el fin de que otras personas no presenten dificultades a la hora de leer artículos científicos. El docente puede brindar ejemplos concretos de cómo una buena o mala redacción puede influir en la interpretación de un texto.

2. Para enriquecer el debate, el docente invitará al aula a un científico a quien los estudiantes le realizarán una entrevista con preguntas elaboradas previamente en conjunto en el aula. Las respuestas a las preguntas deberán ser presentadas en un breve informe con una reflexión por parte de los estudiantes

3. Para finalizar el docente abordará el hecho de que los artículos científicos pueden dar lugar a más de una interpretación y que esto puede estar relacionado con la buena o la mala escritura, pero también con aspectos propios concernientes a la persona. Para esta actividad el docente también puede ejemplificar con breves textos.

Orientaciones: Con las actividades de síntesis los y las estudiantes podrán elaborar sus propias herramientas de reflexión, extrayendo conclusiones y reconociendo las características principales de redacción y lectura de los artículos científicos. Para lo cual deberán recurrir a la utilización de palabras específicas del tema en busca de una alfabetización científica y tecnológica.

Evaluación

Todo aprendizaje implica una modificación de algún conocimiento previamente construido, pues solo podemos apropiar un saber de la experiencia en la medida en que hemos aprendido a aprender de ella. El uso de estrategias por parte del docente requiere de un sistema que regule continuamente el desarrollo de los acontecimientos y decida, cuando sea preciso, qué conocimientos hay que recuperar, y cómo se deben coordinar para resolver cada nueva situación problema (Monereo y col., 2004).

En este sentido, los cambios producidos en las estrategias de enseñanza y aprendizaje de las ciencias, al responder a las nuevas necesidades formativas generadas por la sociedad, tienen como meta el "aprender a aprender", con el consecuente desarrollo en todas las áreas y niveles de educación (Ontoria Peña y col., 2003). Ello no se refiere a la apropiación directa de saberes, sino a la conformación de habilidades con las cuales aprender contenidos. Es por lo cual que consideraré a la evaluación como parte de un proceso formativo y procesual.

Los resultados de la evaluación del aprendizaje serán de utilidad para saber si las estrategias didácticas y de aprendizaje utilizadas están siendo pertinentes. Asimismo, los instrumentos de evaluación que propongo permitirán acompañar la trayectoria de las y los estudiantes y recabar información acerca de los procesos de construcción del conocimiento que realizan, atendiendo a un sistema diversificado con el objetivo de poder corregir trayectorias de ser necesario.

Criterios para la evaluación de las actividades propuestas

* *Uso de memorias de reflexión*: Se implementará el uso de memorias de reflexión de los y las estudiantes como instancia de evaluación. Esta estrategia permite tomar tiempo para reflexionar sobre su aprendizaje. Además, provee al docente información invaluable acerca de las percepciones del estudiantado sobre el tópico, el desarrollo de conceptos o usos potencialmente innovadores basados en sus aprendizajes, a la vez que destaca conceptos erróneos que puedan tener (Dorrego, 2016). En este sentido se solicitará a los y las estudiantes que lleven un diario de clase el cual compartirán con el resto del grupo al finalizar cada clase.

* *Actividades metacognitivas*: Relacionado con el criterio anterior y como guía de este se propondrán preguntas que deberán responder al final de cada clase con el fin de evaluar y corregir el proceso de enseñanza, subsanando posibles dificultadas que estén experimentando en el proceso de aprendizaje (Pérez y González-Galli, 2020).

  Reflexiona sobre las siguientes preguntas anotando sus respuestas para luego compartirlas con el resto del grupo:

  ○ ¿Qué aprendí con esta clase? ¿Cómo lo aprendí?
  ○ ¿Cuáles fueron las actividades que me resultaron más difíciles?; ¿y las más fáciles? ¿Por qué?
  ○ ¿Qué me gustaría seguir aprendiendo acerca de los temas vistos?

Referencias bibliográficas

Bassarsky, M. (2008). "Pensar, leer y escribir sobre biología. La redacción de textos como una herramienta didáctica". *Boletín Biológica 9*, 6-10.

Brunetti, P. (2007). "Selección bibliográfica y organización del material para los ingresantes universitarios". En G. Biber (ed.). *La lectura en los primeros años de la universidad: planteos y propuestas* (pp. 99-120). Córdoba: Educando ediciones.

Brunetti, P., Stancato, C. y Subtil, M.C. (2002). *Lectores y prácticas. Maneras de leer de los ingresantes universitarios*. Córdoba: Ferreyra Editor.

Carlino, P. (2002). "¿Quién debe ocuparse de enseñar a leer y a escribir en la universidad? Tutorías, simulacros de examen y síntesis de clases en las humanidades". *Lectura y vida* 23 (1), pp. 6-14.

Carlino, P. (2005). "Escribir, leer y aprender. Una introducción a la alfabetización académica". *México: Fondo de Cultura*.

Carlsen, W. (2007). "Language and Science Learning". En Abell, S. y Lederman, N. (comps). *Handbook of Research on Science Education*. Londres: Lawrence Erlbaum Associates.

García Romano, L. (2011). "Algunas ideas para repensar los procesos de lectura y escritura en las clases de Biología". *Boletín Biológica* 21, pp. 4-6.

García Romano, L.; Valeiras, N. y Masullo, M. (2013). "Escribir en el inicio de la universidad: el caso de las carreras de ciencias biológicas y profesorado en ciencias biológicas". *Enseñanza de las ciencias: revista de investigación y experiencias didácticas*, (Extra), pp. 1489-1494.

García Romano, L. G.; Padilla, C. y Valeiras, N. (2016). "¿Cómo conciben estudiantes y docentes de biología el rol del lenguaje en las prácticas científicas?" *Ciencia, docencia y tecnología* 27(52), pp. 319-342.

Jiménez Aleixandre, M.P. (2010). *Diez ideas clave. Competencias en argumentación y uso de pruebas*. Barcelona: Graó.

Lemke, J. L. (1997). *Aprender a hablar ciencia: lenguaje, aprendizaje y valores*. Barcelona: Paidós.

Muñoz-Campos, V.; Franco-Mariscal, A.J. y Blanco-López, A. (2020). "Integración de prácticas científicas de argumentación, indagación y modelización en un contexto de la vida diaria. Valoraciones de estudiantes de secundaria". *Revista Eureka sobre Enseñanza y Divulgación de las Ciencias*, 17 (3), 3201.

Russell, D. (1990). "Writing Across the Curriculum in Historical Perspective: Toward a Social Interpretation". *College English* 52, January, pp. 52-73.

Wellington, J. y Osborne, J. (2001). *Language and literacy in science education*. McGraw-Hill Education (UK).

CAPÍTULO 5

Difusión a través de membranas biológicas desde las prácticas de laboratorio en la enseñanza de la Biología

Griselda Gómez

Se propone una secuencia didáctica destinada a estudiantes de 2° año de la ESO de la provincia de Tierra del Fuego. El contenido a trabajar es "caracterización de la célula como sistema abierto" a partir del cual se aborda el siguiente contenido: *Difusión a través de membranas biológicas*.

De acuerdo con el diseño curricular de la provincia de Tierra del Fuego, donde el propósito general de las Ciencias Naturales para la Educación Secundaria, es favorecer la apropiación de significados que faciliten la comprensión del mundo, y promover el desarrollo de habilidades y capacidades que se constituyan en "herramientas" adecuadas para participar e intervenir en él (Álvarez y col., 2012) los contenidos de Biología que se abordarán, serán trabajados de manera práctica, a partir de un diseño experimental realizado en el ámbito del laboratorio, como experiencia que motive a los y las estudiantes, permitiendo el desarrollo de habilidades científicas y así posibilitar un aprendizaje más significativo.

Para ello es necesario proponer actividades que vinculen la ciencia a la vida cotidiana y posibiliten el desarrollo de capacidades relacionadas con la indagación, la reflexión y el pensamiento crítico, como un recurso que facilite la adquisición de conocimiento científico. Entendiendo, de este modo, que las prácticas de laboratorio son concebidas como estrategias didácticas, que deben permitirles a los estudiantes comprender la forma en que se construye el conocimiento en una comunidad científica (Espinosa y col., 2015).

En los últimos años se han escrito diversas críticas a las prácticas de laboratorio en las cuales se proponen innovaciones tanto en lo metodológico como en lo conceptual. Lo que parece más problemático es la idoneidad de las prácticas para el aprendizaje de conceptos teóricos, mientras que no se duda de su utilidad para el aprendizaje de los procedimientos científicos (López y Tamayo, 2012).

El laboratorio de Ciencias Naturales es uno de los contextos acordes para realizar prácticas científicas que impliquen la indagación, ya que este motiva el aprendizaje de las y los estudiantes a partir de investigar, de manera innovadora, el entorno más próximo, en el cual pueden ser protagonistas de su aprendizaje. Esto implica que el estudiantado desarrolle ideas científicas mediante destrezas de cómo investigar y construir su propio conocimiento para entender y participar con responsabilidad en el mundo donde viven, y utilicen para ello, procesos similares a los empleados por las personas dedicadas a la ciencia (García-Carmona, 2021).

Asimismo, poder entender el rol del docente en el desarrollo de estas prácticas, es un condicionante en el resultado de esta tarea. En este sentido, resulta necesario asumir que la o el docente no debe ser un mero transmisor de conocimiento, sino un guía que va a orientar la construcción del conocimiento.

Además, en diversas ocasiones, basándome en la experiencia laboral que poseo como consecuencia de trabajar en el laboratorio de un colegio secundario, pude observar que se prioriza la enseñanza teórica dejando en segundo plano la enseñanza práctica realizada mediante el desarrollo de experiencias de laboratorio. Para que un cambio profundo sea posible es fundamental reflexionar y tomar conciencia de los esquemas de acción, las creencias, los supuestos que subyacen en el quehacer cotidiano del aula. Es necesario reestructurarlos y modificarlos estratégicamente durante la formación inicial y continua para actuar en situaciones futuras (Fernández-Marchesi, 2020).

La tensión entre práctica y teoría además repercute en el proceso de enseñanza-aprendizaje, al centrarse en lo teórico como una mera transmisión de contenidos, provocando el desinterés o poca motivación en la adquisición de nuevos conocimientos en el área de las ciencias naturales. Resulta trascendental que los docentes utilicen diversas estrategias didácticas que les permitan recrear el trabajo de los científicos para que los estudiantes se sientan atraídos e interesados por el estudio y la comprensión de los fenómenos que los rodean, para así empezar a desarrollar y fortalecer los conocimientos conceptuales, procedimentales, actitudinales, y las competencias científicas (Espinosa-Ríos y col., 2015).

Es necesario aprovechar este recurso que permite recrear las actividades que realizan los y las científicos en un laboratorio y guiar a los y las estudiantes en el trabajo experimental, para que se sientan incentivados en la comprensión de fenómenos propios de las ciencias naturales, más precisamente la biología, y logren la construcción de un conocimiento científico escolar para el desarrollo de capacidades de razonamiento, y así formar futuros ciudadanos alfabetizados científicamente.

La apuesta es aprovechar las ventajas evidentes de las actividades experimentales: motivación, el interés de razonar el experimento concreto, más que sobre los conceptos abstractos expuestos en el aula y; el interés de visualizar los objetos y eventos que la ciencia conceptualiza y explica (Fernández- Marchesi y Cuesta-López, 2018).

La imagen de ciencia que se transmite comúnmente a través de las prácticas experimentales es la de una ciencia terminada, objetiva, de verdades absolutas, dogmática y con poca utilidad en la cotidianidad (López y Tamayo, 2012). La idea en esta secuencia didáctica es descartar esa imagen y plantear una actividad realizada en el laboratorio que no sea una receta unidireccional, sino permitir que a través de dichas prácticas las y los estudiantes puedan reflexionar, realizar hipótesis, utilizar la metodología que consideren adecuada, partiendo de ideas previas y que a partir de errores que puedan cometer durante ese proceso, puedan elaborar conclusiones de lo trabajado en ese contexto.

Una manera de lograr una situación educativa fructífera es a través de la presentación de situaciones problemáticas que contextualicen de manera real la experiencia que se va a desarrollar en el trabajo práctico, laboratorio o aula y de esta manera fomentar la motivación del estudiantado por la temática (Marchesini y col., 2012). En este contexto, el aprendizaje consiste en un proceso en el cual las ideas previas de los y las estudiantes sean cada vez más complejas de forma progresiva y a su vez más acorde con la ciencia, entendiendo en este punto que el trabajo de laboratorio debe ayudar a promover dichos aprendizajes, confrontándolos con la realidad y teniendo en cuenta sus conocimientos previos en el intento de dar respuesta a una situación problemática.

Otro de los recursos utilizados en esta secuencia es la utilización de TIC a partir de redes sociales, como herramienta de comunicación, que permita comunicar las experiencias realizadas y sus resultados, y así poder fortalecer las competencias de la comunicación y desarrollar el lenguaje científico escolar. Es decir las y los jóvenes que aprenden ciencia realizando una actividad científica escolar no sólo reconocen nuevas ideas e identifican evidencias, sino que también aprenden a hablar y escribir sobre ellas, de forma que este hablar y escribir les posibilita dar un mejor significado a aquellas ideas y experimentos (Sanmartí, 2007).

Representar mediante experiencias el proceso de difusión en membranas biológicas, posibilita que las y los estudiantes puedan darle cierto grado de significancia a este concepto, sin embargo, se advierte la escasa significatividad que suelen tener para los estudiantes esos aspectos del modelo a la hora de explicar fenómenos biológicos en los que podrían implicarse (Lozano y col., 2020). Es por este motivo que se realizará a través del contexto de las prácticas de laboratorio las experiencias basadas en los distintos métodos, que permitan a los y las estudiantes interpretar los procesos que ocurren, a partir del cual puedan lograr un aprendizaje significativo. Entendiendo que, una dificultad importante que impide que se produzcan aprendizajes significativos son las grandes diferencias entre las diversas representaciones idiosincrásicas que construyen los alumnos acerca del mundo natural y las correspondientes representaciones científicas (Galagovky y Adúriz Bravo, 2001).

Es por esto que abordar contenidos de la biología, en este caso, mediante las actividades de laboratorio y los modelos científicos, ayudará a los y las estudiantes a comprender dichos contenidos, entendiendo que si son trabajados solamente de manera teórica son más difíciles de abordar en la construcción del aprendizaje.

Secuencia didáctica

Eje temático
Los seres vivos: diversidad, unidad, interrelaciones y cambios

Contenido
Caracterización de los seres vivos como sistema abierto, osmosis y difusión

— Clase N° 1 —

Objetivos
- Identificar los organismos pluricelulares como un sistema abierto que intercambian sustancias con el medio externo.
- Comprender el proceso de difusión a través de membranas vegetales.

Introducción
Todos los seres vivos, independiente de sus similitudes y diferencias, comparten características comunes, como ser estar formados por una o más células. Dichas células forman parte de todos los seres vivos, es considerada la unidad mínima de la materia viva y la que realiza todos los procesos vitales de un organismo. Por ello, puede constituirse por sí sola como un organismo unicelular o agruparse con otras células, formando un organismo pluricelular (figuras 1 y 2).

FIGURA 1. Organismo unicelular y su relación con el medio que lo rodea

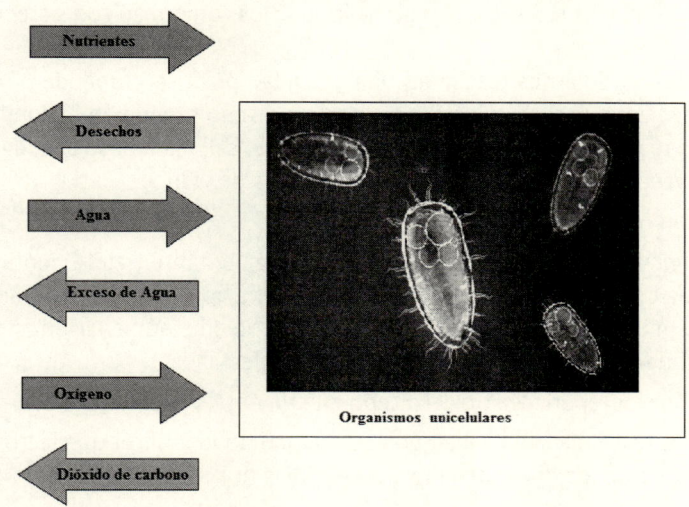

Fuente: Elaboración propia.

FIGURA 2. Organismo pluricelular y su relación con el medio que lo rodea

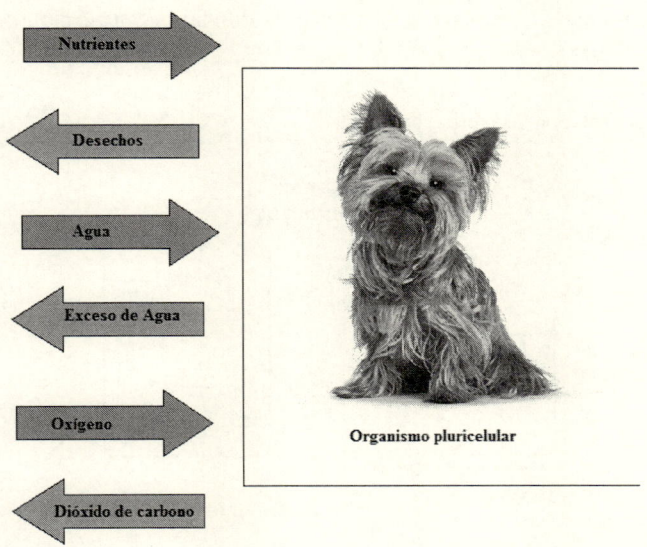

Fuente: Elaboración propia.

Podemos decir entonces, que la célula es la unidad básica estructural y funcional de todo ser vivo.

Actividad de inicio

Sabemos que los seres vivos y las células que los conforman son sistemas abiertos,

Las y los estudiantes realizarán una actividad práctica grupal de 3 o 4 integrantes, en la cual se solicitará realicen un diseño experimental con los siguientes materiales a utilizar: hojas de lechugas, sal, agua destilada, agua común y vasos de precipitado de 300ml o frascos de vidrio.

1. Deberán tener en cuenta lo siguiente:

   Sumergir en un recipiente una hoja de lechuga durante treinta minutos en agua común, en otro recipiente sumergir una hoja de lechuga durante treinta minutos en agua con sal y en otro recipiente sumergir una hoja de lechuga durante treinta minutos en agua destilada.

2. Deberán realizar un registro del diseño experimental y explicar que ocurrió.

3. Una vez realizada la actividad práctica se podrán identificar qué factores determinaron los diferentes resultados en las hojas de la lechuga.

Actividad de cierre

A modo de cierre cada grupo de alumnos expondrá su producción explicando cómo realizaron sus diseños experimentales y las variables que observaron.

Posteriormente se ampliará el concepto de difusión a partir de la explicación de la figura 3.

FIGURA 3. Representación del proceso de difusión

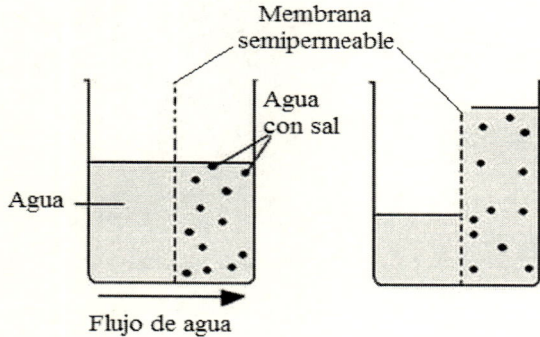

Fuente: Elaboración propia.

En este punto la intención es que las y los estudiantes puedan desarrollar el concepto de *difusión simple como el mecanismo de transporte sin gasto energético de moléculas pequeñas desde donde están más concentradas hacia donde lo están menos, es decir, a favor del gradiente de concentración.*

— Clase N° 2 —

Objetivos

- Comprobar la permeabilidad selectiva de las membranas biológicas.
- Plantear hipótesis, analizar las variables y obtener conclusiones a partir de un diseño experimental del paso de un líquido a través de una membrana vegetal.

Introducción

En la clase anterior los y las estudiantes pudieron conocer el concepto de difusión, además de identificar distintos factores que condicionan los resultados sobre los vegetales sumergidos. Pero, ¿qué ocurre con las paredes y la forma de los vegetales y los fluidos que intervienen en cada caso?

Actividad de inicio

Para trabajar otras variables, se expone a las y los estudiantes el siguiente gráfico, el mismo representa un modelo experimental, en el que se encuentran sumergidos trozos de papa en distintas soluciones (figura 4).

FIGURA 4. Representación de un diseño experimental. Trozos de papa sumergidos en distintos fluidos

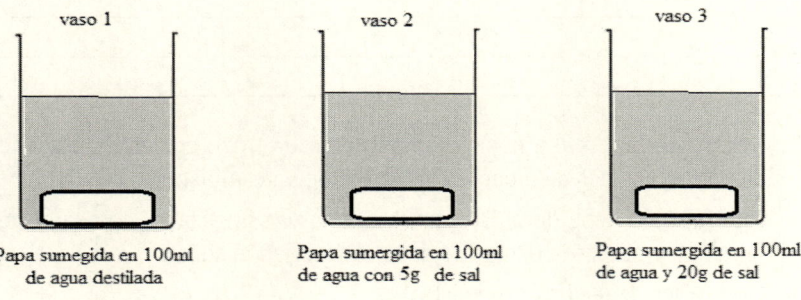

| vaso 1 | vaso 2 | vaso 3 |

Papa sumegida en 100ml de agua destilada

Papa sumergida en 100ml de agua con 5g de sal

Papa sumergida en 100ml de agua y 20g de sal

Fuente: Elaboración propia.

A partir de la imagen brindada se propone al estudiantado que realicen un análisis la misma de acuerdo al siguiente enunciado.

Los tejidos vegetales se encuentran conformados por células, estas poseen en su interior un gran porcentaje de agua, planteen sus hipótesis acerca de que ocurrirá en cada caso.

Actividad de desarrollo

En la siguiente actividad de laboratorio se analizará la relación entre la concentración de una solución y la difusión.

De acuerdo con la imagen brindada al inicio se propone a las y los estudiantes, organizados en los grupos de la clase anterior, repliquen el diseño experimental, con materiales previamente solicitados, para poder analizar otras variables y obtener conclusiones.

Ejercicio práctico de laboratorio

Materiales: agua destilada, tres vasos de precipitados de 300 ml o frascos, una papa, sal, cucharita, balanza, hoja y fibra.

Para observar bien que ocurre con los trozos de papa en agua, se solicita que realicen los tres modelos experimentales del dibujo, deberán tener en cuenta lo siguiente:

1. Los trozos de papa deben estar cortados en iguales tamaño, se deben pesar y medir antes de ser sumergidos y registrarlo en el siguiente cuadro.

Vaso	Peso inicial de la papa	Peso final de la papa	¿Varía el tamaño?
1			
2			
3			

2. Deben marcar en una hoja el tamaño de cada trozo de papa y ubicar el dibujo debajo del vaso para observar cómo va cambiando.

3. Este proceso debe durar 30 minutos, una vez finalizado, comparar los tamaños y pesar los trozos de papa. Anotar en el cuadro.

4. No olvides de realizar un registro.

5. Escribe tus conclusiones en tu carpeta a partir de las siguientes preguntas

   a) ¿Dónde se observa un cambio considerable?

   b) ¿A qué atribuyes las diferencias entre los fenómenos?

   c) ¿Coincide con la hipótesis que tenías pensada antes de la experiencia?

Actividad de cierre

Las y los estudiantes expondrán los resultados de su actividad práctica de laboratorio. La docente solicitará que analicen la siguiente representación teniendo en cuenta los siguientes conceptos.

Los tejidos de la papa se encuentran conformados por células en cuyo interior tienen gran porcentaje de agua, de acuerdo a la concentración de las soluciones a los que fueron sometidos estos tejidos vegetales, podemos decir que diferenciamos tres medios (figura 5):

El hipertónico cuando la solución posee mayor cantidad de soluto, el hipotónico cuando la solución posee menor cantidad de soluto y el isotónico cuando la solución posee igual cantidad de soluto y solvente. En cada uno de esos medios los tejidos vegetales absorberán o liberaran agua.

FIGURA 5. Representación del diseño experimental y los distintos tipos de soluciones

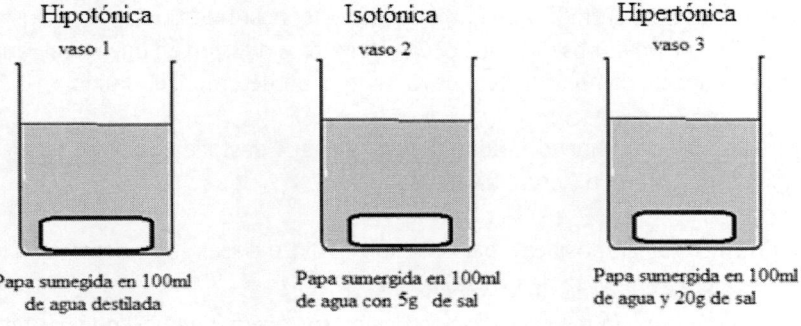

Fuente: Elaboración propia.

¿Qué medio sería el adecuado para que no se dañen los tejidos vegetales?

— Clase N° 3 —

Objetivos

- Identificar la difusión como mecanismo de transporte que poseen las membranas biológicas.
- Comprobar y analizar el paso de agua en el mecanismo de difusión y osmosis en membranas de origen animal.
- Realizar el uso de TIC para comunicar los procesos de osmosis y difusión en membranas biológicas.

Introducción

Mediante el mecanismo de difusión pudimos observar en membranas de origen vegetal, como responden a distintos medios de acuerdo a la concentración que poseían los líquidos en los cuales fueron sumergidos, en esta clase se observará como responden las membranas de origen animal. Para ello realizaremos el siguiente diseño experimental.

Actividad de inicio

El huevo de gallina posee una cáscara calcárea porosa, la cual protege su contenido. A su vez en el interior posee dos membranas semipermeables que protegen la clara contra el ingreso de bacterias y otros microorganismos, en el interior de la clara existe otra membrana que rodea y protege la yema.

Hasta ahora pudimos observar que el fenómeno de difusión en las membranas de las células de tejidos vegetales, se encarga de mantener un equilibrio en el medio interno y externo isotónico por lo que las moléculas de una región más concentrada van a una de menos concentrada.

La intención es observar qué ocurre durante la difusión en una membrana semipermeable como es la del huevo frente a un determinado fluido.

Materiales: un huevo, colorante vegetal, agua destilada, un vaso de precipitado de 300ml o frasco, balanza, regla.

1. Formen los grupos de trabajos establecidos en clases anteriores y lean la siguiente pregunta de investigación:

   ¿En qué medida la concentración de una sustancia a ambos lados de una membrana semipermeable animal afectará al huevo si es sumergido en agua con colorante?

2. A continuación, escriban lo que esperan observar cuando intenten responder el interrogante anterior a través de la actividad experimental que realizarán. Justifiquen sus predicciones.

   Ahora, de acuerdo con lo que esperan observar planteen su hipótesis.

Actividad de desarrollo

Realización del ejercicio práctico

1. Recuerda realizar un registro con el celular.
2. Pesa el huevo, luego mide su circunferencia transversal y longitudinal. Realiza un registro en tu carpeta.

3. Prepara en el vaso de precipitado o frasco agua destilada y colorante del color que prefieras (tener en cuenta que debe tapar completamente el huevo). Introduce el huevo en la solución preparada, marca el nivel del agua, debes dejarlo reposar 48 horas.

4. Transcurrido el tiempo solicitado, toma las medidas y pésalo nuevamente, realiza un registro en tu carpeta.

A partir de la experiencia realizada

- ¿Qué conclusiones pueden extraer?
- ¿Es la misma conclusión obtenida por sus compañeros?
- Elabora un informe sobre la experiencia realizada.

En este punto la intensión es que puedan desarrollar el concepto de ósmosis entendiéndose como un proceso en el cual el agua del exterior (100%) trata de entrar al huevo a través de sus membranas para igualar la concentración de agua en las dos partes. La ósmosis hace que la concentración de agua sea la misma, en el interior y en el exterior del huevo.

Actividad de cierre

De acuerdo al registro realizado con los celulares de las experiencias efectuadas en el trayecto de las clases, se propone a las y los estudiantes, una manera de comunicar a la población en general cómo ocurren los fenómenos de difusión a través de diferentes membranas biológicas.

Deberán tener en cuenta como herramienta de difusión las redes sociales para dicho objetivo (Instagram, Facebook, TikTok, etcétera) y las múltiples opciones de edición que brindan los mismos.

Referencias bibliográficas

Aduriz-Bravo, A.; Bahamonde, N y Lozano E.E. (2020). "Un proceso de Modelización de la Membrana Celular en la Formación del Profesorado en Biología en la Universidad". *Ciencia & Educação 26, pp. 1-15.*

Álvarez, S.; Richter L. y Terzzoli, M. C. (2012). *Ciencias Naturales. Diseño Curricular Provincial Educación Secundaria Ciclo Básico Formación General M.E.* Provincia de Tierra del Fuego Antártida e Islas del Atlántico Sur, pp. 380- 499.

Espinosa-Ríos, E. A.; González-López K. D. y Hernández-Ramírez, L.T. (2015). "Las prácticas de laboratorio: una estrategia didáctica en la construcción de conocimiento científico escolar". *Entramado.* 12(1), pp. 266-281.

Fernández-Marchesi, N. E. y Costillo-Borrego, E. (2020). "Evolución de las concepciones docentes sobre las actividades prácticas de laboratorio a partir de una formación de posgrado reflexiva". *Investigações em Ensino de Ciências* 25 (3), pp. 252-269.

Fernández-Marchesi, N. E. y Cuesta- López M. del P. (2018). "Las prácticas de laboratorio ¿motivan? Un estudio comparativo entre estudiantes españoles y argentinos". *Revista de Educación en Biología - Número Extraordinario*, pp. 694-702.

Galagovsky, L. y Aduriz-Bravo, A. (2001). "Modelos y analogías en la enseñanza de las ciencias naturales. El concepto de modelo didáctico analógico". *Enseñanza de las Ciencias*, 19 (2), pp. 231-242.

García-Carmona, A. (2021). "Prácticas no-epistémicas: ampliando la mirada en el enfoque didáctico basado en prácticas científicas". *Revista Eureka sobre Enseñanza y Divulgación de las Ciencias* 18 (1), p. 1108.

López Rúa, A. M. y Tamayo Alzate, Ó. E. (2012). "Las prácticas de laboratorio en la enseñanza de las Ciencias Naturales". *Revista Latinoamericana de Estudios Educativos* 1 (4). Manizales: Universidad de Caldas, pp. 145-166.

Marchesini, S.; Occelli, M. y Piassentini, M. J. (2012). "Una propuesta para realizar trabajos prácticos de Biotecnología en la escuela secundaria". *X Jornadas Nacionales V Congreso Internacional de Enseñanza de la Biología Entretejiendo la enseñanza de la Biología en una urdimbre emancipadora*. ADBiA. Villa Giardino. Córdoba, pp. 1091-1093.

Sanmartí, N. (2008). "Escribir para aprender ciencias". *Aula de innovación educativa*, 175, pp. 25-32.

CAPÍTULO 6

El metabolismo celular y la energía de los seres vivos

María Alejandra Mansilla

Las ciencias representan un ámbito de continua exploración y se destaca, en el campo de las ciencias naturales, el avance en el desarrollo de las técnicas, procesos, productos y aplicaciones en pos de la mejora de la calidad de vida. Tal es el caso de la biotecnología, que se distingue por presentar situaciones controversiales, como los debates sobre la clonación, la utilización de células madre o la creación de organismos genéticamente modificados (Occelli, García-Romano y Valeiras, 2018).

Las autoras mencionadas señalan que, la intervención ciudadana en estas controversias requiere de la disposición de un sistema de conocimientos, habilidades y juicios de valor que involucren aspectos científicos, tecnológicos, económicos, ambientales, éticos, entre otros. Las investigaciones indican que la incorporación de conceptos y situaciones problemáticas vinculados a la biotecnología en las propuestas didácticas escolares representan un componente importante para la alfabetización científica ciudadana, fundamental para la participación democrática y la toma de decisiones relacionadas con determinadas aplicaciones científicas o tecnológicas que requieren conocer sus fundamentos (Occelli, Vilar y Valeiras, 2011; Occelli, Gardenal y Valeiras, 2012; Occelli, 2013a; Occelli, 2013b; Occelli, García- Romano, Gardenal y Valeiras, 2014).

En tal sentido, la enseñanza de las ciencias tiene un compromiso con la construcción de sociedades democráticas desde el trabajo escolar concreto de las y los docentes, en términos de promover el razonamiento lógico y moral del estudiantado para su participación crítica (Pérez y Lozano, 2013).

Reconocer este compromiso supone tomar distancia de la visión de ciencia como una actividad descontextualizada y éticamente neutral según expresan Fernández *et al.* (2002, citado en González Galli, 2019).

Considerando estos aspectos de la ciencia, se plantea como abordaje de la propuesta didáctica, la conceptualización y clasificación de la biotecnología en moderna y tradicional, para luego proceder con el análisis de la controversia socio científica dado que, según Díaz Moreno y Jiménez-Liso (2011), las divergencias vinculadas con la ciencia "se convierten en un punto de partida y en un motor de aprendizaje. Además, representan un recurso recurrente tanto en la investigación y en las clases de ciencias como en la divulgación científica" (Díaz Moreno y Jiménez-Liso, 2011).

Una controversia es entendida como un problema real que, según Sigüenza Molina y Sáez (1990), no tiene una respuesta conocida de antemano e incluso puede que esta no exista.

En tal sentido, se propone en el marco del análisis de una situación problemática emitida desde una controversia, la división de la clase en dos equipos de trabajo, y la asignación de roles para, de esta manera, propiciar el debate y la expresión de ideas y conclusiones.

Dicha estrategia contribuye a la determinación de un escenario sobre el que hay que reflexionar, buscar, investigar y que, para responder, los estudiantes deberán trabajar, pensar y definir estrategias de resolución (Gaulin, 2001).

A continuación, se plantea que cada equipo comparta con el contrario las conclusiones a las que llegaron con el propósito de iniciar un debate y evaluar la pertinencia de cada postura. De este modo se propicia el análisis de los contenidos conceptuales implicados en la polémica sobre la aplicación de la técnica. Por otra parte, el reconocimiento de la controversia socio- científica como una disputa pública sin una resolución fácil que implica la intervención de la comunidad científica, con argumentos epistémicos y no epistémicos (Delgado y Segura, 2007).

Por otro lado, el trabajo en grupo, la determinación de posturas, la elaboración de opiniones y/o conclusiones para luego compartirlas, el desarrollo de reflexiones colectivas, para que se pueda pensar sobre la acción, y sobre lo que el otro haría en una situación determinada, aportan a una revisión personal sobre un asunto social (Díaz-Estrada *et al.*, 2019). Esto remite a la inserción del actor en los sistemas sociales y a sus relaciones con los demás, en el que cada uno está ocupado en sistemas de acción colectiva. "El actor proporciona su *habitus*, que la interacción enriquece, empobrece o diferencia, de suerte que se hace posible funcionar con los otros de forma relativamente estable, incluso armoniosa" (Díaz-Estrada *et al.*, 2019: 39).

Con respecto a este enfoque, cabe precisar que no necesariamente se debe esperar que las y los estudiantes lleguen a una conclusión, ya que muchas veces el valor está en el disenso y en las razones de su existencia y no en lograr un consenso (Levinson, 2006).

Por otra parte, la concreción de equipos de trabajo para la realización de un debate en torno a las implicancias científico-sociales de la técnica supone recurrir a los diferentes aspectos del fenómeno estudiado, que contribuyen al reconocimiento de la perspectiva sociocrítica, que significa tener en cuenta la presencia ineludible de valores no epistémicos en la actividad científica y la compleja vinculación entre la ciencia y los demás componentes de la sociedad, así como los aspectos económicos, institucionales, etcétera (Gómez, citado en González Galli, 2019).

En otro aspecto, la implicancia de las mitocondrias en el abordaje controversial de la secuencia representa el punto de partida de las funciones celulares: respiración celular y fermentación que forman parte del metabolismo celular de los seres vivos.

A este respecto, Hernández (2020) hace referencia a que, en la escuela secundaria, las funciones metabólicas celulares, se encuentran en un nivel de simbolismo donde para los distintas estructuras celulares y compuestos químicos involucrados como el citoplasma, el cloroplasto, la mitocondria, la clorofila, la glucosa, las enzimas, el ATP, el piruvato, el lactato, los transportadores de electrones, las bacterias no se hallan ejemplos directamente observables. Asimismo, el autor menciona que estos resultados permiten concluir que la apreciación microscópica no existe en el esquema mental del alumnado ya que los jóvenes se guían por lo evidente y lo evidente tiene que ser de mediano y/o gran tamaño para que esté a su alcance y así sea perceptible y pueda ser considerado. Razones que se suman a la falta de interés y de motivación por parte de los estudiantes (Hernández, 2020).

En este sentido, se propone como estrategia, para continuar con el reconocimiento de los procesos metabólicos, la lectura y aplicación de la teoría mediante el análisis de imágenes caricaturescas: memes, seleccionadas de la web y que se relacionan con estos procesos.

Al respecto, cabe destacar que estas representaciones, según Campillay simbolizan un nexo entre el sistema educativo y los nativos digitales, debido a que "tienen un poder de descripción y explicación en torno a un fenómeno, hecho o desarrollo cultural mucho más efectivo para la cultura juvenil, globalizada —y por ende hiperconectada— en el ámbito educativo del siglo XXI" (2016: 5).

Finalmente se presenta en la clase número tres, la posibilidad de que los alumnos hipoteticen el marco de la biotecnología tradicional (producción de pan) sobre una situación problemática que implica al proceso de fermentación llevado a cabo por la levadura *Saccharomyces cerevisiae*, para luego recurrir a la realización de una actividad experimental para favorecer la comprensión e integración de contenidos conceptuales implicados en esta función metabólica.

En este sentido, es importante destacar que dicha estrategia de enseñanza guarda relación con lo que refieren Marchesini, Piassentini y Occelli (2012) cuando mencionan que las actividades son significativas para los estudiantes cuando estas se relacionan con la vida cotidiana y sus experiencias.

La controversia sociocientífica

En septiembre del año 2016, noticieros del mundo dieron a conocer una noticia que representó un hecho controversial en los ámbitos social y científico: "Ibrahim, el primer bebé nacido mediante una nueva técnica de fertilidad que implica el uso del ADN de tres personas".

La noticia de su nacimiento representó un gran acontecimiento, por tratarse del primer bebé engendrado mediante el procedimiento de los tres padres (triparental), que permite a progenitores con mutaciones genéticas raras concebir hijos sanos utilizando ADN del padre, de la madre y de una donante.

El procedimiento utilizado fue considerado según el Canal de Noticias RT como un "Polémico logro: Nace en México el primer bebé del mundo con tres padres".[1] Por otro lado, el noticiero BBC presentó la noticia con el siguiente titular "Nace el primer bebé con tres padres gracias a un controvertido tratamiento".[2]

La técnica utilizada para el nacimiento de Ibrahim para evitar la enfermedad mitocondrial representó un desafío para los especialistas. El método aprobado en el Reino Unido denominado transferencia pronuclear implica fertilizar tanto el óvulo de la madre como el óvulo de una donante con el esperma del padre, y antes de que los óvulos fertilizados comiencen a dividirse en embriones en etapa temprana, se extraen los núcleos y el núcleo del óvulo fertilizado de la donante se desecha y se reemplaza por el núcleo del óvulo fertilizado de la madre.

Sin embargo, esta técnica no fue considerada en los padres de Ibrahim: ya que se oponían a la destrucción de dos embriones. Por ello se adoptó un enfoque diferente, llamado transferencia nuclear de huso. Esta técnica consiste en extraer el núcleo del óvulo de la madre e insertarlo en un óvulo de una donante al que previamente se le había extraído su propio núcleo. El óvulo resultante, con ADN nuclear de la madre y ADN mitocondrial de un donante, fue luego fertilizado con el esperma del padre.

El especialista al frente del proyecto, Zhang, creó cinco embriones, pero solo uno se desarrolló de forma normal el cual fue implantado en la madre y el bebé nació nueve meses después.

---

1   <https://youtu.be/M9USqeelymU>.

2   <https://www.bbc.com/mundo/noticias-37483563>.

Esta técnica no fue aprobada en Estados Unidos por lo que Zhang fue a México, donde, según dijo, "no hay regulaciones". Por tal motivo, el especialista, declaró a la revista *New Scientist*, en torno a las decisiones tomadas: "Para salvar vidas esta es la decisión ética correcta".[3]

Altos estamentos de la Iglesia de Inglaterra y de la Iglesia Católica, así como determinados miembros de la comunidad científica, se mostraron contrarios a la aprobación de esta técnica, por considerar que plantea incertidumbres éticas. La oposición de la Iglesia radica, en parte, en que implica la destrucción de un embrión, y podría abrir la puerta a futuras modificaciones genéticas en los embriones".[4]

Secuencia Didáctica
Metabolismo celular y la energía de los seres vivos

Espacio curricular
Biología

Destinatarios
Alumnos y alumnas de 5to° Año del Ciclo Orientado de la Orientación en Ciencias Naturales

Propósitos
- Propiciar la profundización del conocimiento del flujo de la información genética en los seres vivos, para la comprensión de procesos biológicos y de sus aplicaciones biotecnológicas en distintos ámbitos (salud, industria alimenticia y farmacológica, etcétera) y la reflexión sobre la relación entre los avances científicos y sus implicancias sociales.
- Enriquecer el conocimiento de las metodologías de trabajo, lenguaje, comunicación, modelización, propias de la biología, para comprender la construcción del conocimiento científico.

Contenidos
Los contenidos que se presentan a continuación corresponden al Diseño Curricular de la Prov. Tierra del Fuego, Antártida e Islas del Atlántico Sur, Res. N° 2796 del Ministerio de Educación (2014), el cual propone abordar y profundizar temáticas relacionadas con la genética y la evolución de relevancia socio-científica para propiciar la resignificación de los procesos biológicos.

---

3   <https://www.bbc.com/mundo/noticias-37483563>.

4   <https://redbioetica.com.ar/tres-padres-geneticos-limites-la-fecundacion-asistida/>.

Ellos son:

- Resignificación de los principales mecanismos de expresión y regulación génica analizando la relación entre la información genética y la manifestación de características fenotípicas en los procesos de desarrollo biológico y evolutivo.
- Interpretación de la relación entre la biotecnología y el conocimiento de los procesos de flujo de la información genética, indagando sobre distintas metodologías y herramientas biotecnológicas y su utilización para el desarrollo y aplicación en distintas industrias.
- Reflexión sobre los cuestionamientos éticos y sociales que provocan los avances en la manipulación genética y los procesos biotecnológicos modernos, analizando las implicancias de su utilización.

Objetivo de la secuencia didáctica

Explicar los procesos metabólicos: respiración celular y fermentación de los seres vivos, en el marco de la biotecnología y la controversia sociocientífica.

Hoja de ruta de la clase N° 1

Act. N°	Nombre de la actividad	Tipo	Objetivo	Habilidades		Detalles de la acción
				Cognitivas	Cognitivo-lingüísticas	
1	¿Qué es la Biotecnología y cómo se clasifica?	IE	Reconocer qué es la Biotecnología y su clasificación mediante el análisis de su presencia en contextos cotidianos.	Recordar Comprender Aplicar	Definir Explicar	Trabajo grupal Lectura de situación problemática Escritura de una explicación
2	Biotecnología Moderna: La terapia mitocondrial	AEM	Explicar la implicación de las mitocondrias en el metabolismo de los seres vivos a partir del abordaje de una cuestión socio-científica: "El caso Ibrahim".	Comprender Interpretar Inferir	Resumir Explicar Fundamentar	Lectura de situación problemática Análisis de lectura científica. Observación de videos Trabajo grupal Representación de los actores involucrados en la problemática Elaboración y escritura de fundamentos para debate

Act. N°	Nombre de la actividad	Tipo	Objetivo	Habilidades		Detalles de la acción
				Cognitivas	Cognitivo-lingüísticas	
3	¿Para salvar vidas, la terapia mitocondrial es la decisión ética correcta?	AS	Justificar la aplicación de la ingeniería genética mediante el análisis de la postura científica del Dr Zhan.	Aplicar Implementar	Explicar Justificar	Escritura de opinión
4	Las mitocondrias y las enfermedades genéticas	AA	Reconocer la diversidad de enfermedades mitocondriales fundamentando respecto a las características de las mismas, mediante el análisis de casos.	Aplicar Analizar	Explicar Fundamentar	Análisis de texto. Diseño de red conceptual Escritura de razones o fundamentos
5	Las bases moleculares de las enfermedades mitocondriales	AAE	Fundamentar respecto al metabolismo celular en el marco de la caracterización de las mitocondrias.	Aplicar Caracterizar Crear	Fundamentar	Realización de mapa conceptual Diseño y explicación de infografía

Hoja de ruta de la clase N° 2

Act. N°	Nombre de la actividad	Tipo	Objetivo	Habilidades		Detalles de la acción
				Cognitivas	Cognitivo-lingüísticas	
1	El oxígeno y la energía de los seres vivos	IE	Inferir respecto al oxígeno hipotetizando sobre su función en los seres humanos, mediante el análisis de una situación problemática.	Recordar Interpretar Relacionar Discutir	Explicar	Lectura de situación problemática Trabajo grupal Elaboración y escritura de hipótesis
2	Los procesos metabólicos	AEM	Reconocer los procesos metabólicos de los seres vivos describiendo sus características a partir del análisis de texto.	Interpretar Clasificar Esquematizar Ejemplificar	Definir Resumir	Análisis de texto. Identificación de palabras claves Elaboración de mapa conceptual y glosario
3	Los memes en los procesos metabólicos	AS	Explicar los procesos metabólicos implicados en la producción de energía, interpretando y estableciendo relaciones con representaciones (memes) de la web.	Identificar Interpretar Transferir	Explicar Justificar Demostrar	Análisis de situación problemática Diseño experimental Escritura de hipótesis y conclusiones

4	¿Seres vivos?	AS	Justificar el metabolismo celular de las levaduras, hipotetizando respecto de una situación problemática y el diseño experimental.	Interpretar Investigar Aplicar	Definir Justificar	Análisis de texto. Diseño de red conceptual Escritura de razones o argumentos
5	El metabolismo de organismos anaerobios facultativos: las levaduras	AAE	Justificar el metabolismo de las levaduras, integrando los conceptos abordados en un informe.	Aplicar Crear	Explicar Justificar	Escritura de informe grupal

— Clase N° 1 —

1) Actividad de iniciación y exploración (AIE): ¿Qué es la Biotecnología y cómo se clasifica?

Objetivo de la actividad

- Reconocer qué es la Biotecnología y su clasificación mediante el análisis de su presencia en diversos contextos.

Introducción

Consignas

La Biotecnología

1. Lee el texto: "¿Qué es la Biotecnología?", y a continuación, responde a los interrogantes.

¿Qué es la biotecnología?

Existen muchas definiciones de biotecnología. A fin de representar una de carácter inclusivo, propongo que analicemos la definición del convenio sobre La Biodiversidad Biológica (Naciones Unidas, 1992) indica lo siguiente: Por "biotecnología se entiende toda aplicación tecnológica que utilice sistemas biológicos y organismos o sus derivados para la creación o modificación de productos o procesos para usos específicos. Por lo tanto, queda claro que la biología se encuentra indefectiblemente involucrada.

Esta utilización de los sistemas biológicos no solo hace referencia a la modificación derivada de la ingeniería genética que algunos autores llaman "biotecnología moderna" sino también, a aquellos procesos que la modificación de variedades de fenotipos o el aprovechamiento de los procesos de fermentación de los microorganismos para la elaboración de alimentos, así como la cerveza, el pan, el yogurt. Estos últimos suelen agruparse como procesos de la "biotecnología tradicional".

Una manera integradora de concebir a la biotecnología fue propuesta por Smith (2004) quien invita a pensarla como si fuera un árbol, en el cual sus raíces serían las ciencias básicas como la biología celular, la fisiología, la química biológica, la inmunología, entre otras. El tronco estaría representado por las técnicas de la ingeniería genética, el cultivo celular y, el follaje por todas aquellas aplicaciones que pueden realizarse en diversos ámbitos como por ejemplo en la producción de energía, medicamentos, terapias, agricultura, ganadería, así como la conservación de la biodiversidad, la recuperación y remediación del ambiente.

Fuente: Occelli, M. (2013). Enseñar biotecnología en la escuela: aportes y reflexiones didácticas. *Boletín Biológica* N° 27 (7) 9- 13.

2. De acuerdo con el texto analizado, responde:

   • ¿Qué tipo de biotecnología representa la figura 1? ¿por qué?

FIGURA 1. ADN y ciencia

Fuente: Elaboración propia.

- Busca imágenes u otros ejemplos que representen al otro tipo de biotecnología y, a continuación, explica por qué forma parte de esa categoría.

2) Actividad para la promoción y evolución de los modelos iniciales (AEM): "Biotecnología Moderna: La terapia mitocondrial"

Objetivo de la actividad

- Explicar la implicación de las mitocondrias en el metabolismo de los seres vivos a partir del abordaje de una cuestión socio-científica: "La Terapia de Transferencia Mitocondrial: El caso Ibrahim".

Introducción

Consignas

Biotecnología moderna

1. Se les plantea a continuación, la lectura de un caso que representa una cuestión socio-científica: "La Terapia de Transferencia Mitocondrial: el caso Ibrahim".

La Terapia de Transferencia Mitocondrial: El caso Ibrahim

El 3 de febrero de 2015 la Cámara de los Comunes del Reino Unido aprobó, por 382 votos a favor y 128 en contra, una modificación de la Ley de Embriología y Fertilización Humana de 2008, que permite la realización de la denominada "transferencia mitocondrial" en seres humanos. Ante esta evidencia ha arreciado un debate ético entre dos posturas claramente enfrentadas. De un lado se hallan quienes aplauden la aplicación de la transferencia mitocondrial, que consideran una técnica de carácter marcadamente terapéutico, por cuanto puede suponer un avance decisivo para aquellas mujeres incapaces de tener hijos por un ADN mitocondrial defectuoso. Frente a ellos, no obstante, hay una corriente que plantea cuestiones extremadamente graves acerca de la legitimidad de la aplicación de este método, sobre diferentes bases: la destrucción de vidas humanas en fase embrionaria, la ruptura de la prohibición de las modificaciones genéticas en la línea germinal, la inseguridad inherente al procedimiento, la utilización de un proceso de clonación, con todo lo que ello conlleva, etc.

Fuente: De Miguel Beriain, I., Atienza Macías, E., & Armaza Armaza, E. J. (2016). "Algunas consideraciones sobre la transferencia mitocondrial: ¿un nuevo problema para la bioética?" *Acta bioethica*, 22(2), 203-211.

---

2. Considerando el debate en torno a la técnica, en el año 2016, nace un niño mediante transferencia mitocondrial: Ibrahim. Los medios de comunicación se hacen eco y mencionan el evento con titulares tales como: "Nace el primer bebé con "tres padres" gracias a un controvertido nuevo tratamiento en México" <https://www.bbc.com/mundo/noticias-37483563>.

   a) A partir de la lectura de la noticia del caso Ibrahim y las objeciones que se plantean en el artículo "Algunas consideraciones sobre la transferencia mitocondrial: ¿un nuevo problema para la bioética?" <https://scielo.conicyt.cl/pdf/abioeth/v22n2/art07.pdf>, se les propone dividirse en dos grupos para representar a los siguientes actores:

   • El Equipo de trabajo del Dr. Zhang.
   • Científicos en contra de la técnica de Transferencia Mitocondrial en seres humanos.

   b) Cada equipo trabajará en torno a la situación problemática que se plantea a continuación:

   Una pareja decide tener un hijo a pesar de que en un análisis genético a la mujer se le ha diagnosticado una mutación genética en sus mitocondrias capaz de desarrollar en su descendencia el Síndrome de Leigh.

   c) Deberán ofrecer a los progenitores, información sobre los pros y los contras sobre la terapia de transferencia mitocondrial, realizando las fundamentaciones correspondientes en sus carpetas para luego socializarlas al grupo clase.

3) Actividad de Síntesis (AS):
¿Para salvar vidas, la terapia mitocondrial es la decisión ética correcta?

Objetivo de la actividad
• Justificar la aplicación de la ingeniería genética mediante el análisis de la postura científica del Dr. Zhan.

Introducción

Consignas
1. A partir del análisis realizado sobre el caso Ibrahin y el debate en torno a la técnica terapia mitocondrial escribe una opinión a partir de la afirmación del Dr. Zhang: "Para salvar vidas esta es la decisión ética correcta". Justifica tu escrito teniendo en cuenta lo trabajado en clase y los artículos analizados.

4) Actividad de Aplicación (AA):
"Las mitocondrias y las enfermedades genéticas"

Objetivo de la actividad

- Reconocer la diversidad de enfermedades mitocondriales fundamentando respecto a las características de las mismas, mediante el análisis de casos.

Introducción

Consignas

Las enfermedades mitocondriales

Se designa con el nombre de enfermedades mitocondriales a un grupo de trastornos cuya característica común es la deficiencia energética.

Existe una diversidad de enfermedades de origen mitocondrial. A continuación, analizaremos la historia de Nerea.

1- Observa el video "Fisioterapia en enfermedades raras: evolución en una enfermedad mitocondrial" <https://youtu.be/zo4bkSPcqF4> y luego responde:

a) Nerea manifiesta dificultades motoras, ¿por qué?, ¿cuál es su enfermedad?

b) La historia de Nerea tiene puntos en común con la de Ibrahim, ¿cuáles son?, ¿por qué? Realicen en grupo una descripción de los mismos.

5) Actividad de Evaluación (AE): "¿... y cómo están tus mitocondrias?"
Las bases moleculares de las enfermedades mitocondriales"

Objetivo de la actividad

- Fundamentar respecto al metabolismo celular en el marco de la caracterización de las mitocondrias.

Introducción

Consignas

"¿...y cómo están tus mitocondrias?"
Las bases moleculares de las enfermedades mitocondriales

1. Analiza el video: "El ser humano desde el ojo de la mitocondria | Alejandro Leal | TEDxPuraVida" <https://youtu.be/kC7_kxFlcqw> y procede a realizar una reflexión teniendo en cuenta de explicar las declaraciones:

- "Las mitocondrias son actrices del metabolismo"
- "...Y ¿cómo están tus mitocondrias?"

2. A partir de la investigación sobre la temática, realiza en grupo un mapa conceptual teniendo en cuenta:

- La estructura, características y funciones de las mitocondrias.
- El origen evolutivo de la organela y sus funciones metabólicas.

3. Mediante una infografía o la realización de un poster, expongan las particularidades de las mitocondrias y su implicancia en el metabolismo y la salud humana.

— Clase N° 2 —

1) Actividad de iniciación y exploración (AIE): "El oxígeno y la energía de los seres vivos"

Objetivo de la actividad

- Inferir con respecto al oxígeno hipotetizando sobre su función en los seres humanos, mediante el análisis de una situación problemática.

Introducción

Consignas

El oxígeno y la energía de los seres vivos

Mediante la mecánica respiratoria, los seres humanos incorporan oxígeno a su organismo para vivir. Sin embargo, Johann Mühlegg, para mejorar su rendimiento atlético, aumentó artificialmente el suministro del mismo a sus células (figura 2).

a) Teniendo en cuenta este suceso, ¿cuál crees que fue su intencionalidad, es decir, por qué pensó que el oxígeno "mejoraría su desempeño atlético"?

b) ¿A cuáles componentes químicos se refiere el autor para obtener energía?

c) En grupo discutan a partir de sus primeras impresiones. Escriban en sus carpetas la o las conclusiones a las que hayan llegado.

FIGURA 2. Los deportistas

Los músculos de los deportistas requieren de ciertos componentes químicos para obtener la energía que necesitan. Algunos atletas suelen aumentar artificialmente el suministro de oxígeno a sus células para mejorar su desempeño atlético. Johann Mühlegg, un atleta de élite, fue penalizado por recurrir a dicha práctica.

Fuente. Adaptado de *Obtención de energía: Glucólisis y respiración celular*. [Fotografía], por T. Audesirk, G. Audesirk y B. E. Byers, 2008. *Biología: la vida en la tierra* (p. 132). Pearson Educación de México.

2) Actividad para la promoción y evolución de los modelos iniciales (AEM): "Los procesos metabólicos"

Objetivo de la actividad

Reconocer los procesos metabólicos de los seres vivos describiendo sus características a partir del análisis de texto

Introducción

Consignas

El metabolismo de los seres vivos

1. Lean en grupo el texto: "Metabolismo en autótrofos y heterótrofos" (pp. 65-66)[5] y realicen un mapa conceptual sobre los diferentes procesos metabólicos.
2. Elaboren un glosario de las palabras que no entiendan.

---

5   Aduriz-Bravo, A., Barderi, M., Bustos, D., Frid, D., Hardmeier, P., y Suárez, H. (2009). Estructura y metabolismo celular. En P. L. Sabatini (Ed), *Biología. Anatomía y fisiología humanas. Genética. Evolución* (p 65- 66). Santillana Perspectivas.

3) Actividad de Síntesis (AS):
"Los memes en los procesos metabólicos"

Objetivo de la actividad
- Explicar los procesos metabólicos implicados en la producción de energía, interpretando y estableciendo relaciones con representaciones (memes) de la web.

Introducción

Consignas
1 - ¿Qué proceso se representa en los siguientes memes?, ¿por qué? Identifica, explica y fundamenta los errores conceptuales.

FIGURA 3. Movimiento Anti oxígeno

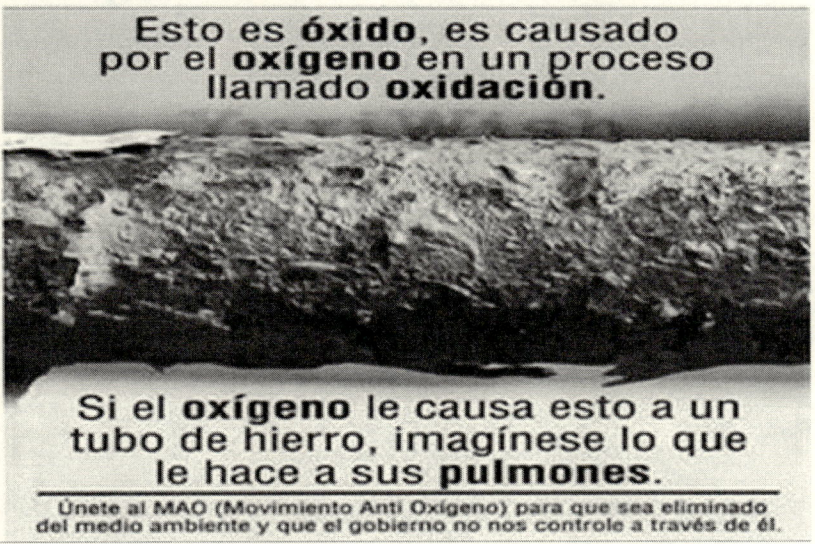

Fuente. Adaptado de *MAO Movimiento Anti Oxígeno [Fotografía]*, de 100cia, 1 de septiembre de 2020, Twitter. <https://twitter.com/100cia_/status/1300742273077055490?s=20&t =aDnRvZkPD-jPAbu30j4bsQ>.

FIGURA 4

Fuente. Adaptado de *Ninen León. Frases de gym.* Pinterest.

4) Actividad de Aplicación (AA): "¿Seres vivos?"

Objetivo de la actividad

*   Justificar el metabolismo celular de las levaduras, hipotetizando en el marco de una situación problemática y el diseño experimental.

Introducción

Consignas

¿Seres vivos?

1. Analiza el siguiente texto

> *La reflexión*
>
> Un sitio web de divulgación científica, me recordó que aún, en la actualidad persiste el debate entre los científicos con respecto a la naturaleza de los virus.

Están quienes afirman que son seres inertes, es decir que carecen de metabolismo propio, mientras que otros afirman que son un tipo de vida diferente capaz de mostrar su existencia.

Ante las posturas que surgen, pensé en la imposibilidad de definir una posición. Todo esto me hizo pensar en la situación que se me había presentado unos días atrás.

Recuerdo que ese día había decidido comer pizzas por lo que fui de compras al almacén del barrio. En el momento de solicitar la levadura, lo que me dijo el vendedor me llamó la atención.

Les transcribo el diálogo:

Almacenero: —Tengo levadura fresca (me mostró cubos) de esta marca y de esta otra, ¿cuál prefiere?

Yo: —¿Cuál es la diferencia? –pregunté.

Almacenero: —Ninguna –me respondió– …las dos son seres vivos.

En ese momento no me había percatado de lo sencillo que le resultó al almacenero emitir esa afirmación. Me pregunto ahora, ¿cómo pueden ser seres vivos? No lo parecen.

Entonces… ¿también mueren?

En conclusión, ese día me traje las dos levaduras a casa. Una la usé en la masa y la otra espera en la heladera.

2. Te propongo ayudar al protagonista. Para ello deberás realizar las siguientes actividades:

a) Observa el video: "Historia de la levadura" <https://youtu.be/Bag-NE6cVhrU>. A continuación, reúnete en grupo y debate respecto a los interrogantes que se plantean al final del texto "La reflexión". Escribe en tu carpeta las hipótesis a las que hayan abordado.

¿Cómo podrían comprobar que las levaduras son seres vivos?

b) Realicen un diseño experimental para trabajar en el laboratorio escolar que permita dar respuestas al protagonista de la historia, teniendo presente de partir de las hipótesis a las que hayan abordado en la actividad "a".

c) Luego de realizada la experiencia en el laboratorio, escriban las conclusiones a las que hayan abordado.

5) Actividad de Evaluación (AE):
"El metabolismo de organismos anaerobios facultativos: las levaduras"

Objetivo de la actividad
- Justificar el metabolismo de las levaduras integrando los conceptos abordados en un informe.

Introducción

Consignas
El metabolismo de las levaduras

Teniendo en cuenta que las levaduras son organismos anaerobios facultativos, realiza en grupo, un informe sobre el metabolismo de las mismas, considerando como insumo para el mismo, la fundamentación de los siguientes interrogantes:

- ¿Por qué las levaduras son consideradas organismos anaerobios facultativos?
- ¿Cuál es la función de las levaduras en la elaboración del pan?
- ¿Cuál es el tipo de proceso que ocurre al mezclar la levadura con la harina?
- ¿Por qué es necesario dejar reposar la masa en un ambiente cálido durante una hora antes de hornear?
- ¿Qué relación tiene el proceso anterior con los agujeritos de la masa del pan?
- ¿Por qué la masa no tiene gusto a alcohol?
- ¿Qué le sucede a la levadura durante la cocción?

Referencias bibliográficas

Campillay, E. V. (2016). "El meme como nexo entre el sistema educativo y el nativo digital: tres propuestas para la enseñanza de Lenguaje y Comunicación". *Revista educación y tecnología*, (9), pp. 1-15.

De Miguel Beriain, I., Atienza Macías, E., y Armaza Armaza, E. J. (2016). "Algunas consideraciones sobre la transferencia mitocondrial: ¿un nuevo problema para la bioética?" *Acta bioethica* 22(2), pp. 203-211.

Delgado, M. y Segura, J. V. (2007). "Valores en controversias: La investigación con células madre". *CTS: Revista iberoamericana de ciencia, tecnología y sociedad* 3(9), pp. 9-31.

Díaz-Estrada, L., García-Martínez, L., Clavijo-Montoya, M. C., y Agudelo, N. R. (2019). "Relación entre concepciones de los maestros sobre ciencia y la enseñanza contextualizada". *Bio-grafía*, pp. 2023-2029.

Díaz Moreno, N. y Jiménez Liso, M. (2011). "Las controversias sociocientíficas: temáticas e importancia para la educación científica". *Revista eureka sobre enseñanza y divulgación de las ciencias 9*(1), pp. 54- 70.

Fernández, I.; Gil, D.; Alís, J. C.; Cachapuz, A. F. y Praia, J. (2002). "Visiones deformadas de la ciencia transmitidas por la enseñanza". *Enseñanza de las ciencias: revista de investigación y experiencias didácticas*, pp. 477-488.

Gaulin, C. (2001). "Tendencias actuales de la resolución de problemas". *Sigma: revista de matemáticas= matematika aldizkaria* (19), pp. 51-63.

Gómez, R. J. (2014). "La dimensión valorativa de las ciencias. Hacia una filosofía política". *TECNOLOGÍA & SOCIEDAD* (4), p. 81.

González Galli, L. M. (2019). "Enseñanza de la biología y pensamiento crítico: la importancia de la metacognición". *Educación en Biología 22*(2), pp. 4- 24.

Hernández, I. S. S. (2020). "¿Cómo sobrevivir a la enseñanza del metabolismo celular en bachillerato?". *Revista Digital Universitaria 21*(2), pp. 1- 11.

Marchesini, S., Piassentini, M. J. y Occelli, M. (2012). "Una propuesta para realizar trabajos prácticos de Biotecnología en la escuela secundaria". *Memorias de las X Jornadas Nacionales y V Congreso Internacional de Enseñanza de la Biología. Villa Giardino. Córdoba: Asociación de Docentes de Ciencias Biológicas de la Argentina.*

Mito Guerrera. (05 de noviembre de 2020) . *Fisioterapia en enfermedades raras: evolución en una enfermedad mitocondrial.* [Archivo de Vídeo]. Youtube. https://youtu.be/zo4bkSPcqF4.

Levinson, R. (2006). "Towards a theorethical framework for teaching socio-scientific controversial issues". *International Journal of Science Education* 28(10), pp. 1201-1204.

Occelli, M.; García- Romano, L.; Gardenal, C. y Valeiras, N. (2014). "Los organismos transgénicos y su lugar en el aula de secundaria: Un estudio en la ciudad de Córdoba (Argentina)". *Encuentros de Didáctica de las Ciencias Experimentales. Universidad de Huelva.*

Occelli, M.; García-Romano, L. y Valeiras, N. (2018). "La enseñanza de la biotecnología y sus controversias socio- científicas en la escuela secundaria: un estudio en la ciudad de Córdoba (Argentina)". *Tecné, Episteme y Didaxis: TED* (43), pp. 31-46.

Pérez, L. F. M. y Lozano, D. L. P. (2013). "La emergencia de las cuestiones socio cientíificas en el enfoque CTSA". *Góndola, Enseñanza y Aprendizaje de las Ciencias: Góndola, Enseñanza y Aprendizaje de las Ciencias 8*(1), pp. 23-35.

TEDx Talks. (03 de diciembre de 2020). *"El ser humano desde el ojo de la mitocondria | Alejandro Leal | TEDxPuraVida".* [Archivo de Vídeo]. Youtube. https://youtu.be/kC7_kxFlcqw._

SOBRE LAS AUTORAS

Gisela Vanina Acosta Beiman nació en Capital Federal. Es profesora, en Ciencias Naturales y Biología por el ISFDyT N° 159 de la ciudad de Punta Alta, provincia de Buenos Aires, donde vivió gran parte de su vida. Desde hace once años reside en Tierra del Fuego, Antártida e Islas del Atlántico Sur, Ushuaia, donde continuó su formación a distancia en la Universidad de CAECE y obtuvo el título de licenciada en Enseñanza de la Biología y medio ambiente. Luego obtuvo el posgrado de Especialista en enseñanza de la Biología por la Universidad Nacional de Tierra del Fuego (UNTDF). Actualmente se encuentra finalizando la Maestría en Educación (Universidad de Quilmes) y el Doctorado en Ciencias de la Educación. Desde hace 15 años es docente de nivel secundario y desde el año 2020 es docente investigadora de la UNTDF.

Flavia Almirón nació en el costado norte de la Patria, Formosa y hoy vive en el fin del mundo, Ushuaia. Es profesora de Biología y Especialista en Enseñanza de la Biología por la Universidad Nacional de Tierra del Fuego (UNTDF). Docente en actividad como profesora de nivel medio, con especial trayectoria en Educación de Adultos y Educación Popular. Miembro del Grupo de Investigación en Educación en Ciencias Naturales (GIECiN) como docente externa y graduada de posgrado por el IEC de la UNTDF. Participa de proyectos cuya línea de investigación se enmarca en la Didáctica de las Ciencias Naturales. Actualmente cursa la Licenciatura en educación por Universidad Nacional de Quilmes (UNQ) con especialización en temas relacionados con la Educación Sexual Integral y la Educación Popular. Es activista social y feminista así que sus trabajos tienen compromiso con la docencia, la ciencia, el feminismo y la lucha por una sociedad más justa e igualitaria.

Nancy Edith Fernández Marchesi es doctora en Investigación en la Enseñanza y el Aprendizaje de las Ciencias Experimentales por la Universidad de Extremadura, magíster en Enseñanza de las Ciencias Experimentales por la Universidad Nacional del Centro de la Provincia de Buenos Aires (UNICEN) y especialista en Educación Ambiental. Trabaja en el Instituto de la Educación y del Conocimiento (IEC) de la Universidad Nacional de Tierra del Fuego, Antártida e Islas del Atlántico Sur, donde se desempeña como docente de grado, posgrado e investigadora. Dirige la Especialización en Enseñanza de la Biología y el grupo GIECiN (Grupo de investigación en Enseñanza de las Ciencias Naturales). Sus principales temas de investigación son las estrategias de enseñanza y de aprendizaje en el nivel superior, la didáctica del uso del laboratorio de ciencias naturales y las prácticas de Educación Ambiental tanto en el sistema formal como no formal.

Griselda Edith Gómez nació en Mendoza, pero de pequeña sus padres eligieron Tierra del Fuego como su nuevo hogar. Realizó sus estudios primarios y secundarios en colegios públicos de Tierra del Fuego para finalmente recibirse de docente de Biología por el Instituto Superior del Profesorado de Río Grande. Actualmente se desempeña en colegios públicos de nivel medio en la ciudad en la que vivió gran parte de su vida. Actualmente cursa la Especialización de la Enseñanza de la Biología en la Universidad Nacional de Tierra del Fuego. Este trayecto le permitió comprender la importancia de incluir las actividades prácticas de laboratorio en el quehacer de los docentes de biología, tema que selecciono para su futuro trabajo final.

María Alejandra Mansilla es profesora en Ciencias Naturales del I.F.D N° 9 y especialista en la Enseñanza de la Biología de la UNTDF. Se desempeña como docente en la ciudad de Ushuaia de las modalidades secundaria y superior. Confiesa que su amor por la docencia inició en su ciudad natal: San Pedro de Jujuy, con el reconocimiento de la naturaleza en todas sus formas. La posibilidad de compartir ese mundo, que describe como complejo, misterioso y vulnerable, la ha llevado a recorrer diversos caminos de actualización docente. Su entusiasmo por enseñar y la convicción de que, profesores y profesoras son agentes de cambio, cuyo desempeño es clave para el desarrollo de competencias que propician el desarrollo del lenguaje científico escolar en los y las estudiantes, le ha permitido elaborar su trabajo final de carrera con una mención de parte de la Escuela de Posgrado CONGRIDEC en el año 2020. Ha participado en proyectos de investigación en torno a las experiencias de laboratorio que ofrecen los profesores del nivel secundario y en talleres que guardan relación con el desarrollo de competencias científicas. Actualmente combina el ejercicio de la enseñanza en el aula con actividades de coordinación escolar.

Natalia Oro Castro nació en la provincia de San Juan. Es licenciada en Biología por la Universidad Nacional de San Juan. En el 2009 se mudó a la ciudad de Ushuaia para llevar a cabo una beca del CONICET y obtuvo el título de doctora en Biología por la Universidad Nacional del Sur. Desde el año 2012 trabaja como docente en el nivel superior, lo cual la llevó a especializarse en la docencia a través de diversas capacitaciones pedagógicas. Actualmente es docente del IPES-Florentino Ameghino y docente-investigadora de la Universidad Nacional de Tierra del Fuego (UNTDF) y se encuentra cursando el trayecto final de la Especialización en la Enseñanza de la Biología de la UNTDF. Forma parte de proyectos de investigación científica sobre la biología y la pedagogía y de proyectos de extensión.